EXAMINATION QUESTIONS AND ANSWERS OF AMERICAN MIDDLE SCHOOL STUDENTS MATHEMATICAL CONTEST FROM THE FIRST TO THE LATEST (VOLUME Ⅰ)

历届美国中学生
数学竞赛试题及解答

第1卷 兼谈辛特勒定理

1950～1954

刘培杰数学工作室 编

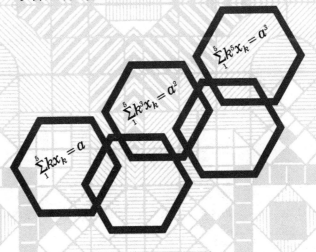

哈尔滨工业大学出版社
HARBIN INSTITUTE OF TECHNOLOGY PRESS

内容简介

美国中学生数学竞赛是全国性的智力竞技活动,由大学教授出题,题目具有深厚的背景,蕴涵丰富的数学思想,这些题目有益于中学生培养数学思维,提高辨识数学思维模式的能力. 本书面向高中师生,整理了从 1950 年到 1954 年美国中学生数学竞赛试题,并给出了巧妙的解答.

本书适合于中学生、中学教师及数学竞赛爱好者阅读参考.

图书在版编目(CIP)数据

历届美国中学生数学竞赛试题及解答. 第 1 卷, 兼谈辛特勒定理:1950~1954/刘培杰数学工作室编. —哈尔滨:哈尔滨工业大学出版社,2014.7
ISBN 978-7-5603-4547-5

Ⅰ.①历… Ⅱ.①刘… Ⅲ.①中学数学课-题解 Ⅳ.①G634.605

中国版本图书馆 CIP 数据核字(2013)第 309935 号

策划编辑	刘培杰 张永芹
责任编辑	张永芹 钱辰琛
封面设计	孙茵艾
出版发行	哈尔滨工业大学出版社
社　　址	哈尔滨市南岗区复华四道街 10 号　邮编 150006
传　　真	0451-86414749
网　　址	http://hitpress.hit.edu.cn
印　　刷	哈尔滨市石桥印务有限公司
开　　本	787mm×960mm　1/16　印张 10.75　字数 123 千字
版　　次	2014 年 7 月第 1 版　2014 年 7 月第 1 次印刷
书　　号	ISBN 978-7-5603-4547-5
定　　价	18.00 元

(如因印装质量问题影响阅读,我社负责调换)

目录

第1章 1950 年试题 //1
    1 第一部分 //1
    2 第二部分 //4
    3 第三部分 //8
    4 答案 //11
    5 1950 年试题解答 //12

第2章 1951 年试题 //25
    1 第一部分 //25
    2 第二部分 //28
    3 第三部分 //33
    4 答案 //37
    5 1951 年试题解答 //37

第3章 1952 年试题 //52
    1 第一部分 //52
    2 第二部分 //55
    3 第三部分 //59
    4 答案 //63

5　1952 年试题解答　//64

第 4 章　1953 年试题　//81

　　1　第一部分　//81

　　2　第二部分　//84

　　3　第三部分　//88

　　4　答案　//91

　　5　1953 年试题解答　//92

第 5 章　1954 年试题　//107

　　1　第一部分　//107

　　2　第二部分　//110

　　3　第三部分　//115

　　4　答案　//119

　　5　1954 年试题解答　//119

附录　辛特勒定理　//135

　　1　空间闭曲线的等分点　//135

　　2　任意五等分点组都不共球的空间闭曲线　//144

　　3　一个奥数命题　//149

编辑手记　//151

1950 年试题

第 1 章

1 第一部分

1. 若 64 分成三部分,且成 2,4 与 6 之比,其最小部分是( ).

   (A) $5\frac{1}{3}$ (B) 11 (C) $10\frac{2}{3}$

   (D) 5 (E) 非上述答案

2. 设 $R = gS - 4$,当 $S = 8$ 时,$R = 16$;当 $S = 10$ 时,R 等于( ).

   (A) 11 (B) 14 (C) 20

   (D) 21 (E) 非上述答案

3. 方程式 $4x^2 + 5 - 8x = 0$ 的根的和等于( ).

   (A) 8 (B) -5 (C) $-\frac{5}{4}$

   (D) -2 (E) 非上述答案

4. 化简 $\dfrac{a^2-b^2}{ab} - \dfrac{ab-b^2}{ab-a^2}$ 至最低项,等于( ).

(A)$\dfrac{a}{b}$ (B)$\dfrac{a^2-2b^2}{ab}$ (C)a^2

(D)$a-2b$ (E)非上述答案

5. 若在8与5 832之间插入5个等比中项,则此等比级数的第5项是( ).

(A)648 (B)832 (C)1 168 (D)1 944

(E)非上述答案

6. 满足方程式
$$2x^2+6x+5y+1=0$$
$$2x+y+3=0$$
的y值可由下列何方程式解得( ).

(A)$y^2+14y-7=0$ (B)$y^2+8y+1=0$

(C)$y^2+10y-7=0$ (D)$y^2+y-12=0$

(E)非上述答案

7. 若数字1被安置于两位数之后,此两位数的十位数字是t,个位数字是u,则新数是( ).

(A)$10t+u+1$ (B)$100t+10u+1$

(C)$1\,000t+10u+1$ (D)$t+u+1$

(E)非上述答案

8. 若一圆的半径增加100%,则面积增加( ).

(A)100% (B)200% (C)300% (D)400%

(E)非上述答案

9. 内接于半径为r的半圆中的最大三角形的面积是( ).

(A)r^2 (B)r^3 (C)$2r^2$ (D)$2r^3$

(E)$\dfrac{1}{2}r^2$

10. 有理化分式$\dfrac{\sqrt{3}-\sqrt{2}}{\sqrt{3}}$的分子,则其分母的最简型

是( ).

(A)$\sqrt{3}(\sqrt{3}+\sqrt{2})$ (B)$\sqrt{3}(\sqrt{3}-\sqrt{2})$

(C)$3-\sqrt{3}\times\sqrt{2}$ (D)$3+\sqrt{6}$

(E)非上述答案

11. 在公式 $C=\dfrac{en}{R+nr}$ 中,当 e,R 与 r 不变时,若 n 增大,则 C ( ).

(A)减小 (B)增大 (C)保持不变

(D)增大然后减小   (E)减小然后增大

12. 若凸多边形的边数由 3 增加至 n,则其外角度量的和( ).

(A)增加   (B)减少   (C)保持不变

(D)不能预算   (E)变成 $n-3$ 个平角

13. $(x^2-3x+2)x(x-4)=0$ 的根为( ).

(A)4   (B)0 与 4   (C)1 与 2

(D)0,1,2 与 4   (E)1,2 与 4

14. 联立方程式 $\begin{cases}2x-3y=8\\6y-4x=9\end{cases}$ 的解为( ).

(A)$x=4,y=0$ (B)$x=0,y=\dfrac{3}{2}$

(C)$x=0,y=0$ (D)无解存在

(E)无限解存在

15. x^2+4 的实因式是( ).

(A)$(x^2+2)(x^2+2)$ (B)$(x^2+2)(x^2-2)$

(C)$x^2(x^2+4)$

(D)$(x^2-2x+2)(x^2+2x+2)$

(E)不存在

2 第二部分

16. 展开 $[(a+3b)^2(a-3b)^2]^2$, 其化简后的项数是 ( ).

 (A) 4 (B) 5 (C) 6 (D) 7
 (E) 8

17. 如下表中所示, 则 x,y 之间的关系式为 ( ).

x	0	1	2	3	4
y	100	90	70	40	0

 (A) $y=100-10x$ (B) $y=100-5x^2$
 (C) $y=100-5x-5x^2$ (D) $y=20-x-x^2$
 (E) 非上述答案

18. 在下列式子中 ( ).

 ① $a(x-y)=ax-ay$; ② $a^{x-y}=a^x-a^y$;
 ③ $\lg(x-y)=\lg x-\lg y$;
 ④ $\dfrac{\lg x}{\lg y}=\lg x-\lg y$;
 ⑤ $a(xy)=ax\cdot ay$

 (A) 只有①与④正确
 (B) 只有①与⑤正确
 (C) 只有①与③正确
 (D) 只有①与②正确
 (E) 只有①正确

19. 若 m 人于 d 天可完成一项工作, 则 $m+r$ 人于 ( ) 天可完成此工作.

 (A) $d+r$ (B) $d-r$

(C) $\dfrac{md}{m+r}$ (D) $\dfrac{d}{m+r}$

(E)非上述答案

20. 当 $x^{13}+1$ 以 $x-1$ 除时,其剩余是( ).
 (A)1 (B)-1 (C)0 (D)2
 (E)非上述答案

21. 长方体的侧面、前面、底面的面积各为 $12,8,6$,则其体积是( ).
 (A)576   (B)24
 (C)9   (D)104
 (E)非上述答案

22. 连减 10% 与 20% 的折扣相当于减去( )的折扣.
 (A)30% (B)15% (C)72% (D)28%
 (E)非上述答案

23. 某人购屋花费 \$10 000 并出租,此人取每月租费的 $12\dfrac{1}{2}\%$ 作修缮费,并付年税 \$325 后,且能以购屋款的 $5\dfrac{1}{2}\%$ 再进行投资,则月租费是( ).
 (A) \$64.82   (B) \$83.33
 (C) \$72.08   (D) \$45.83
 (E) \$177.08

24. 方程式 $x+\sqrt{x-2}=4$ 有( ).
 (A)2 个实根   (B)1 个实根与 1 个虚根
 (C)2 个虚根   (D)无根
 (E)1 个实根

25. $\log_5 \dfrac{125\times 625}{25}$ 的值等于( ).

(A)725 (B)6 (C)3 125 (D)5
(E)非上述答案

26. 若 $\lg m = b - \lg n$,则 m 等于(   ).

(A)$\dfrac{b}{n}$ (B)bn (C)$10^b n$ (D)$b - 10^n$

(E)$\dfrac{10^b}{n}$

27. 一汽车行驶于 120 km 的路程上(从 A 至 B),速率为 30 km/h,但同一距离回来时速率为 40 km/h,来回路程的平均速率最接近(   ).

(A)33 km/h   (B)34 km/h
(C)35 km/h   (D)36 km/h
(E)37 km/h

28. A,B 两人各骑自行车同时出发,从甲城至乙城,相距 60 km. A 每小时比 B 慢 4 km. B 至乙城即刻折返,遇 A 于距乙城 12 km 处,则 A 的速率是(   ).

(A)4 km/h   (B)8 km/h
(C)12 km/h   (D)16 km/h
(E)20 km/h

29. 某设计者建造一台机器能在 8 min 内打出 500 封信的地址,他希望建造另一台机器以至于两者同时操作时能在 2 min 内打出 500 封信的地址,那么表示仅第二台机器在 x min 内能打出 500 封信的地址的等式为(   ).

(A)$8 - x = 2$ (B)$\dfrac{1}{8} + \dfrac{1}{x} = \dfrac{1}{2}$

(C)$\dfrac{500}{8} + \dfrac{500}{x} = 500$ (D)$\dfrac{x}{2} + \dfrac{x}{8} = 1$

(E)非上述答案

30. 在一群男女中,女生走了15名时,则余下来的男女比例为2:1. 在此之后,男生走了45名,则余下来的男女的比例为1:5,问最初的女生人数为(　　).

(A)40　　(B)43　　(C)29　　(D)50

(E)非上述答案

31. 某人定制四双黑袜子及额外一些蓝袜子,黑袜子每双的价格是蓝袜子的两倍. 当定制单填好后,才发现两颜色的双数互换了. 为此,支出增加50%. 问在原先的定制单上黑袜子的双数与蓝袜子的双数之比为(　　).

(A)4:1　　(B)2:1　　(C)1:4　　(D)1:2

(E)1:8

32. 长为25 m 的梯子放置在一建筑物的垂直墙上,梯足距建筑物底端7 m,若梯子的顶端滑下4 m,则梯足将滑(　　).

(A)9 m　　(B)15 m　　(C)5 m　　(D)8 m

(E)4 m

33. 内直径为1 cm 的圆管子需(　　)根管子才能装与内直径为6 cm 的圆管子同量的水(假设管长相等).

(A)6π　　(B)6　　(C)12　　(D)36

(E)36π

34. 当一气球周长由20 cm 增至25 cm 时,则半径应增加(　　).

(A)5 cm　　(B)$2\frac{1}{2}$ cm　　(C)$\frac{5}{\pi}$ cm　　(D)$\frac{5}{2\pi}$ cm

(E)$\frac{\pi}{5}$ cm

35. 在 $\triangle ABC$ 中,$AC = 24$ cm,$BC = 10$ cm,$AB = 26$ cm,则它的内切圆的半径为( ).
 (A)26 cm (B)4 cm (C)13 cm (D)8 cm
 (E)非上述答案

3 第三部分

36. 一商人购货,按原标价扣去 25%,他希望对货物定一新标价,以便在标价上能扣去 20% 之后,且在售价上仍获有 25% 的纯利,问此商人必须标的货价与原标价间的百分比是( ).
 (A)125% (B)100% (C)120% (D)80%
 (E)75%

37. 若 $y = \log_a x$ 且 $a > 1$,下列叙述不正确的是( ).
 (A)若 $x = 1, y = 0$ (B)若 $x = a, y = 1$
 (C)若 $x = -1, y$ 是虚数(复数)
 (D)若 $0 < x < 1, y$ 常小于 0,且当 x 趋近于 0 时,无限制减小
 (E)上述诸叙述中只有某些是正确的

38. 若 $\begin{vmatrix} a & c \\ d & b \end{vmatrix}$ 表示 $ab - cd$ 的值(对于所有的 a, b, c 与 d 的值而言),则方程式 $\begin{vmatrix} 2x & 1 \\ x & x \end{vmatrix} = 3$ ( ).

 (A)x 为 1 可满足
 (B)x 为 $\frac{3}{2}$ 或 -1 可满足
 (C)无 x 的值可满足

(D)有无穷的 x 值可满足

(E)非上述答案

39. 已知级数 $2+1+\dfrac{1}{2}+\dfrac{1}{4}+\cdots$,并有下列叙述:

①此和无限制增大;

②此和无限制减小;

③序列中的任何项与 0 之间的差可以使之小于无论怎样小的任何正量;

④此和与 4 之间的差,可以使之小于无论怎样小的任何正量;

⑤此和趋于一极限.

在这些叙述中,正确的为( ).

(A)只有③与④   (B)只有⑤

(C)只有②与④   (D)只有②,③与④

(E)只有④与⑤

40. 当 x 趋近于 1 且为极限时,$\dfrac{x^2-1}{x-1}$ 的极限为( ).

(A)0   (B)不定   (C)$x-1$ (D)2

(E)1

41. 函数 $ax^2+bx+c\,(a>0)$ 的最小值是( ).

(A)$-\dfrac{b}{a}$ (B)$-\dfrac{b}{2a}$ (C)b^2-4ac (D)$\dfrac{4ac-b^2}{4a}$

(E)非上述答案

42. 满足等式 $x^{x^{x^{\cdots}}}=2$ 的 x 为( ).

(A)无穷大   (B)2   (C)$4\sqrt{2}$ (D)$\sqrt{2}$

(E)非上述答案

43. $\dfrac{1}{7}+\dfrac{2}{7^2}+\dfrac{1}{7^3}+\dfrac{2}{7^4}+\cdots$ 的值为( ).

(A) $\dfrac{1}{5}$ (B) $\dfrac{1}{24}$ (C) $\dfrac{5}{48}$ (D) $\dfrac{1}{16}$

(E) 非上述答案

44. $y = \lg x$ 的图像(   ).

(A) 与 y 轴相交

(B) 与所有跟 x 轴正交的直线相交

(C) 与 x 轴相交

(D) 不与坐标轴相交

(E) 与以原点为中心的所有圆相交

45. 100 边形可作的对角线数是(   ).
(A) 4 850 (B) 4 950 (C) 9 900 (D) 98
(E) 8 800

46. 在 $\triangle ABC$ 中,$AB=12, AC=7, BC=10$. 当边 AB, AC 的长均增加一倍,而 BC 的长不变时,则三角形的(   ).

(A) 面积变两倍　　(B) 高变两倍

(C) 面积变四倍　　(D) 中线不变

(E) 面积变为 0

47. 一个矩形内接于一个三角形中,其一底与三角形的底边 b 重合. 若三角形的高为 h,而矩形的高 x 为其底的一半时,则(   ).

(A) $x = \dfrac{1}{2}h$ 　　(B) $x = \dfrac{bh}{h+b}$

(C) $x = \dfrac{bh}{2h+b}$ 　　(D) $x = \sqrt{\dfrac{hb}{2}}$

(E) $x = \dfrac{1}{2}b$

48. 在等边三角形内任取一点,由该点至三边作垂直线段,这些垂直线段长之和(   ).

(A) 当此点为此三角形的重心时,最小

(B) 大于此三角形的高

(C) 等于此三角形的高

(D) 等于此三角形三边之和的一半

(E) 当此点为此三角形的重心时,最大

49. 一个三角形有长为 2 的固定底 AB,自 A 作 BC 的中线,其长为 $1\frac{1}{2}$,但位置可变,则此三角形的顶点 C 的轨迹是( ).

(A) 直线 AB,自 A 的长为 $1\frac{1}{2}$

(B) 一圆,以 A 为中心,半径为 2

(C) 一圆,以 A 为中心,半径为 3

(D) 一圆,半径为 3,且中心在 AB 上,距 B 为 4

(E) 一椭圆,以 A 为焦点

50. 一条私掠船在顺风方向 10 km 处发现一商船,其时间正为 11:45,私掠船每小时可航行 11 km,至于商船却只能以 8 km/h 的速度使劲逃跑. 经过两小时的追逐,私掠船的顶帆失去效用. 当此之时,商船能行驶 15 km,私掠船却只能行驶 17 km 而已. 如此,私掠船追及商船的时间应在( ).

(A) 下午 3:45 (B) 下午 3:30

(C) 下午 5:00 (D) 下午 2:45

(E) 下午 5:30

4 答 案

1. (C) 2. (D) 3. (E) 4. (A) 5. (A) 6. (C)

7.(B)   8.(C)   9.(A)   10.(D)   11.(B)
12.(C) 13.(D) 14.(D) 15.(E)   16.(B)
17.(C) 18.(E) 19.(C) 20.(D)   21.(B)
22.(D) 23.(B) 24.(E) 25.(D)   26.(E)
27.(B) 28.(B) 29.(B) 30.(A)   31.(C)
32.(D) 33.(D) 34.(D) 35.(B)   36.(A)
37.(E) 38.(B) 39.(E) 40.(D)   41.(D)
42.(D) 43.(E) 44.(C) 45.(A)   46.(E)
47.(C) 48.(C) 49.(D) 50.(E)

5 1950年试题解答

1. 数64分成2,4与6之比,即
$$2x+4x+6x=64$$
所以
$$x=5\frac{1}{2}, 2x=10\frac{2}{3}$$
答案:(C).

2. 当 $S=8$ 时, $R=16$,则可计算出 g.
所以 $16=8\cdot g-4$,故 $g=\frac{5}{2}$.
当 $S=10$ 时, $g=\frac{5}{2}$,所以 $R=10\times\frac{5}{2}-4=21$.
答案:(D).

3. 方程式按降幂可写成 $4x^2-8x+5=0$,由根与系数的关系知道两根之和为一次项的系数与二次项的系数的比的相反数,即 $-(\frac{-8}{4})=2$.

12

答案:(E).

4. $\dfrac{a^2-b^2}{ab} - \dfrac{ab-b^2}{ab-a^2} = \dfrac{a^2-b^2}{ab} - \dfrac{b(a-b)}{a(b-a)} = \dfrac{a^2-b^2}{ab} - \dfrac{-b}{a}$

$\qquad = \dfrac{a^2-b^2+b^2}{ab} = \dfrac{a^2}{ab} = \dfrac{a}{b}$

答案:(A).

5. 设 $a_1=8$,则 $a_2=8r, a_3=8r^2, \cdots, a_7=8r^6=5\,832$,所以 $r^6=729$,所以 $r=\pm 3$, $a_5=8r^4=648.$

答案:(A).

6. 由第二个方程式解出 x,即

$$x = -\dfrac{y+3}{2}$$

代入第一个方程式,再化简,得

$$2\left(-\dfrac{y+3}{2}\right)^2 + 6\left(-\dfrac{y+3}{2}\right) + 5y + 1 = 0$$

$$y^2 + 10y - 7 = 0$$

答案:(C).

7. 十进制的两位数以 $t\cdot 10 + u\cdot 1$ 表示,今置 1 于后,即相当 u 是十位,t 是百位了,所以

$$10^2 \cdot t + 10 \cdot u + 1 = 100t + 10u + 1$$

答案:(B).

8. 设原来圆的半径为 r,在增加 100% 即增加 1 倍后,变为 $2r$,所以面积变为

$$\pi(2r)^2 = 4\pi r^2$$

故增加

$$4\pi r^2 - \pi r^2 = 3\pi r^2$$

增加的百分比为

$$\dfrac{3\pi r^2}{\pi r^2} \cdot 100\% = 300\%$$

答案:(C).

9. 内接于半圆的三角形是以一底与此圆的唯一直径重合者,故高最长者其面积亦最大,即高等于半径时面积最大,即 $\frac{1}{2} \cdot 2r \cdot r = r^2$.

答案:(A).

10. $\frac{\sqrt{3}-\sqrt{2}}{\sqrt{3}} = \frac{(\sqrt{3}-\sqrt{2})(\sqrt{3}+\sqrt{2})}{\sqrt{3}(\sqrt{3}+\sqrt{2})} = \frac{1}{\sqrt{3}(\sqrt{3}+\sqrt{2})}$
$= \frac{1}{(\sqrt{3})^2 + \sqrt{2} \times \sqrt{3}} = \frac{1}{3+\sqrt{6}}$

答案:(D).

11. $C = \dfrac{e}{\dfrac{R}{n}+r}$,当 n 增大时,$\dfrac{R}{n}$ 减小,所以分母 $\dfrac{R}{n}+r$ 减小,所以 C 增大.

答案:(B).

12. 凸 n 边形内角度量和为 $(n-2) \cdot 180° = n \cdot 180° - 2 \cdot 180°$. 今延长每一边(保持同一方向),则有 $n \cdot 180°$,而 $n \cdot 180°$ 减内角度量和即为外角度量和,此即

$n \cdot 180° - (n-2) \cdot 180° = 2 \cdot 180° = 360°$

是一定数.

答案:(C).

13. $(x-2)(x-1)x(x-4) = 0$,所以 $x = 0, 1, 2$ 或 4,故根为 $0, 1, 2$ 与 4.

答案:(D).

14. $\begin{cases} 2x-3y=8 \\ 6y-4x=9 \end{cases}$ 即 $\begin{cases} 2x-3y=8 \\ 2x-3y=-\dfrac{9}{2} \end{cases}$,知为一矛盾方程式,

故无解存在.

答案:(D).

15. x^2+4 在有理系数及 x 的指数须正整数的限制下,无因式存在.

答案:(E).

16. $[(a+3b)^2(a-3b)^2]^2 = (a^2-9b^2)^4$,式 $(x+y)^n$ 应有 $n+1$ 项,所以所求式有 $4+1$ 项.

答案:(B).

17. 取 $x=0, y=100$,试各项,知(D)不符合.

取 $x=1, y=90$,知(B)不符合.

取 $x=2, y=70$,知(A)不符合.

取 $x=3, y=40$,知(C)符合.

取 $x=4, y=0$,知(C)符合.

答案:(C).

18. ① $a(x-y) = ax - ay$ 乃分配律,故成立;

② $a^{x-y} = \dfrac{a^x}{a^y} \neq a^x - a^y$;

③ $\lg(x-y) \neq \lg \dfrac{x}{y} = \lg x - \lg y$;

④ $\dfrac{\lg x}{\lg y} \neq \lg x - \lg y$;

⑤ $a(xy) \neq a^2 xy = ax \cdot ay$

答案:(E).

19. m 人于 d 天可完成一项工作,那么平均一人一天可做 $\dfrac{1}{md}$ 的工作. 今有 $m+r$ 人,设 x 天可完成此同一项工作时,则平均一人一天能做 $\dfrac{1}{(m+r)x}$ 的工作.

所以 $\dfrac{1}{md} = \dfrac{1}{(m+r)x}$,故 $x = \dfrac{md}{m+r}$(天).

答案:(C).

20. 由余式定理或直接用除法运算可知剩余是2.

   答案:(D).

21. 设长方体的长、宽、高各为 x, y, z,则 $xy=12, yz=8$, $zx=6$,所以
$$V = xyz = \sqrt{x^2y^2z^2} = \sqrt{xy \cdot yz \cdot zx} = \sqrt{12 \cdot 8 \cdot 6} = 24$$
   答案:(B).

22. $(1-0.1)(1-0.2) = 0.72, 1 - 0.72 = 0.28$,
   $0.28 \times 100\% = 28\%$.

   答案:(D).

23. 设 R 是年租,则
$$\frac{5\frac{1}{2}}{100} \times 10\,000 = R - \frac{12\frac{1}{2}}{100}R - 325$$

   所以 $R = 1\,000$,故 $\frac{R}{12} \approx 83.33$,因此月租费是 \$83.33.

   答案:(B).

24. $x + \sqrt{x-2} = 4, \sqrt{x-2} = 4-x$,所以
$$x - 2 = (4-x)^2$$
   所以 $\qquad x - 2 = 16 - 8x + x^2$
   所以 $\qquad x^2 - 9x + 18 = 0, (x-6)(x-3) = 0$
   所以 $\qquad x = 6, x = 3$

   经判别只有 $x=3$ 是实根,其中 $x=6$(即 $x>4$)不是实根.

   答案:(E).

25. $\log_5 \frac{125 \times 625}{25} = \log_5(125 \times 25) = \log_5 5^5 = 5$.

   答案:(D).

26. $\lg m = b - \lg n = \lg 10^b - \lg n = \lg \dfrac{10^b}{n}$,所以 $m = \dfrac{10^b}{n}$.

答案:(E).

27. 若一汽车行驶于距离为 d 的路程上,速率为 r_1,而在同距离返回时的速率为 r_2,则

$$\text{平均速率} = \dfrac{\text{全路程}}{\text{整个时间}} = \dfrac{2d}{\dfrac{d}{r_1} + \dfrac{d}{r_2}} = \dfrac{2r_1 r_2}{r_1 + r_2}$$

所以 $x = \dfrac{2 \times 30 \times 40}{70} = \dfrac{240}{7} \approx 34 (\text{km/h})$

答案:(B).

28. 设 A 的速率为 x,则因两人所经时间相等,故

$$t = \dfrac{60 - 12}{x} = \dfrac{60 + 12}{x + 4}$$

所以 $x = 8 (\text{km/h})$.

答案:(B).

29. 第一台机器 1 min 内能打出 $\dfrac{500}{8}$ 封地址,第二台机器 1 min 内能打出 $\dfrac{500}{x}$ 封地址,两台机器合起来 1 min 内能打出 $\dfrac{500}{2}$ 封地址,即

$$\dfrac{500}{8} + \dfrac{500}{x} = \dfrac{500}{2}$$

所以 $\dfrac{1}{8} + \dfrac{1}{x} = \dfrac{1}{2}$

答案:(B).

30. 设最初女生的人数为 x,则由题意知 $2(x-15)$ 为男生人数,再由题意知

$$5[2(x-15) - 45] = x - 15$$

所以 $\qquad 10x - 150 - 225 = x - 15$

所以 $\qquad 9x = 375 - 15$

所以 $\qquad 9x = 360$

所以 $\qquad x = 40$

答案:(A).

31. 设蓝袜子的双数为 x,价格为 y,则由题意知黑袜子的价格为 $2y$,有

$$x \cdot 2y + 4 \cdot y = \frac{3}{2}(4 \cdot 2y + x \cdot y)$$

所以 $\qquad x = 16$

所以

$$\frac{4}{x} = \frac{1}{4}$$

$$4 : x = 1 : 4$$

答案:(C).

32. 未滑前梯子与垂直墙构成一直角三角形,斜边长为 25 m,水平边长为 7 m,故垂直边长为 $\sqrt{25^2 - 7^2} = 24$(m).

今直角三角形变成垂直边长为 $(24-4)$ m,则水平边长变为

$$\sqrt{25^2 - 20^2} = 15 \text{ (m)}$$

故滑走

$$15 - 7 = 8 \text{ (m)}$$

答案:(D).

33. 大管的横截面积是 πR^2,小管的横截面积是 πr^2,则

$$\frac{S_{大管}}{S_{小管}} = \frac{\pi R^2}{\pi r^2} = \frac{6^2}{1^2} = 36$$

答案:(D).

34. 因
$$C = 2\pi r \text{ （}C\text{ 表示周长）}$$
$$C_2 - C_1 = 2\pi(r_2 - r_1)$$
今 $\quad C_2 = 25, C_1 = 20$

则 $\quad r_2 = r_1 + \dfrac{5}{2\pi}$

答案：(D)．

35. 由 Heron 的三角形面积公式
$$A = r \cdot s = \sqrt{s(s-a)(s-b)(s-c)}$$
知 $\quad r = \sqrt{\dfrac{(s-a)(s-b)(s-c)}{s}}$

其中 $s = \dfrac{1}{2}(a+b+c) = \dfrac{1}{2}(24+10+26) = 30$

所以 $r = \sqrt{\dfrac{(30-24)(30-10)(30-26)}{30}} = 4$

但是，有一种方法比较简单，那就是 24 cm, 10 cm 及 26 cm 刚好组成一直角三角形的三边长．由几何的定理：直角三角形斜边长与内切圆直径长之和等于两股长之和，可见
$$24 + 10 = 26 + 2r$$
所以 $2r = 8$，故 $r = 4$．

答案：(B)．

36. 设 C 为商人的购价，L 为原标价，M 为新标价（定价），S 为卖价，P 为纯利，则
$$C = L - \dfrac{1}{4}L = \dfrac{3}{4}L$$
$$S = M - \dfrac{1}{5}M = \dfrac{4}{5}M$$
$$S = C + P$$

$$\frac{4}{5}M = \frac{3}{4}L + \frac{1}{4} \cdot \frac{4}{5}M$$

所以 $$M = \frac{5}{3} \cdot \frac{3}{4}L = \frac{5}{4}L$$

所以新标价为原标价的 125%.
答案:(A).

37. 由对数的定义或 $y = \log_a x$ 的曲线知(A),(B),(C),(D)均正确.
答案:(E).

38. 由已知条件得
$$2x \cdot x - 1 \cdot x = 3$$
所以
$$2x^2 - x - 3 = 0$$
$$(2x - 3)(x + 1) = 0$$
所以 $$x = \frac{3}{2} 或 -1$$
答案:(B).

39. 此级数为一无穷等比级数,首项为 2,公比为 $\frac{1}{2}$.

因公比小于 1,故有一极限,即
$$S = \frac{a_1}{1-q} = \frac{2}{1-\frac{1}{2}} = 4$$

答案:(E).

40. $\frac{x^2-1}{x-1} = \frac{(x+1)(x-1)}{x-1} = x+1$,此式对所有的 $x \neq 1$ 的值都成立. 故当 $x \to 1$, $x+1$ 的极限值是 2.
答案:(D).

41. 令

$$y = ax^2 + bx + c = a(x^2 + \frac{b}{a}x + \frac{c}{a})$$
$$= a[x^2 + \frac{b}{a}x + (\frac{b}{2a})^2] + [c - \frac{ab^2}{(2a)^2}]$$
$$= a(x + \frac{b}{2a})^2 + \frac{4ac - b^2}{4a}$$

因 $a > 0$,所以
$$a(x + \frac{b}{2a})^2 \geqslant 0$$

所以
$$y \geqslant \frac{4ac - b^2}{4a}$$

故 $y = \frac{4ac - b^2}{4a}$ 时,y 的值最小,即:

当 $x = -\frac{b}{2a}$ 时,$y = \frac{4ac - b^2}{4a}$(最小).

答案:(D).

42. 已知 $\qquad x^{x^{x^{\cdots}}} = 2$

两边取对数
$$\log_a x^{x^{x^{\cdots}}} = \log_a 2$$

所以 $\qquad x^{x^{x^{\cdots}}} \log_a x = \log_a 2$

但 $x^{x^{x^{\cdots}}} = 2$,所以
$$2\log_a x = \log_a 2$$

所以 $x^2 = 2$,所以
$$x = \pm\sqrt{2}$$

但 $x = -\sqrt{2}$ 不符合,因真数必须为正的.

答案:(D).

43. 可知
$$\frac{1}{7} + \frac{2}{7^2} + \frac{1}{7^3} + \frac{2}{7^4} + \cdots$$

$$= \left(\frac{1}{7} + \frac{1}{7^3} + \frac{1}{7^5} + \cdots\right) + \left(\frac{2}{7^2} + \frac{2}{7^4} + \frac{2}{7^6} + \cdots\right)$$

$$= \frac{\frac{1}{7}}{1-\left(\frac{1}{7^2}\right)} + \frac{\frac{2}{7^2}}{1-\left(\frac{1}{7^2}\right)} = \frac{7}{48} + \frac{2}{48} = \frac{3}{16}$$

或者

$$\frac{1}{7} + \frac{2}{7^2} + \frac{1}{7^3} + \frac{2}{7^4} + \cdots$$

$$= \left(\frac{1}{7} + \frac{1}{7^2} + \frac{1}{7^3} + \frac{1}{7^4} + \cdots\right) + \left(\frac{1}{7^2} + \frac{1}{7^4} + \cdots\right)$$

$$= \frac{\frac{1}{7}}{1-\left(\frac{1}{7}\right)} + \frac{\frac{1}{7^2}}{1-\left(\frac{1}{7^2}\right)} = \frac{1}{6} + \frac{1}{48} = \frac{9}{48} = \frac{3}{16}$$

答案:(E).

44. 由方程式 $y = \lg x$ 可知当 $x = 1$ 时,$y = 0$ 的曲线与 x 轴相割. 下图为 $y = \lg x$ 的曲线.

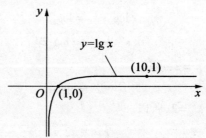

44 题答案图

答案:(C).

45. 100 边形的每一顶点可作 97 条对角线(即除该顶点的两邻边外). 今有 100 个顶点,故有 $100 \times 97 = 9\ 700$ 条对角线,但一对角线由两顶点所决定,故得

实际对角线数为 $9\,700 \div 2 = 4\,850$.

若从对角线的公式,则可直接导出,即

$$d_n = \frac{n(n-3)}{2}, n = 100$$

所以 $\qquad d_{100} = 4\,850$

答案:(A).

46. 因 $2AB = 24, 2AC = 14, BC = 10$,而 $24 = 14 + 10$,所以

$$2AB = 2AC + BC$$

新三角形的两边长之和等于第三边长,可见新三角形不是一个三角形,而是一条直线,故其面积为 0.

答案:(E).

47. 由相似三角形,得

$$\frac{h-x}{h} = \frac{2x}{b}$$

所以 $\qquad x = \frac{bh}{2h+b}$

答案:(C).

48. 设 P 为 $\triangle ABC$ 内的任一点,自点 P 作垂线 p_a, p_b, p_c,则三角形面积关系为

$$S_{\triangle ABC} = S_{\triangle APB} + S_{\triangle BPC} + S_{\triangle CPA}$$

$$= \frac{1}{2}(sp_a + sp_b + sp_c) = \frac{1}{2}s(p_a + p_b + p_c)$$

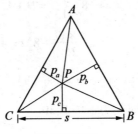

48 题答案图

因为 $S_{\triangle ABC}=\dfrac{1}{2}sh$

所以 $h=p_a+p_b+p_c$

答案:(C).

49. 此题最快捷之法可能还是由坐标来表示,即令 $A(0,0), B(2,0), C(x,y)$. 配合已知条件,则 BC 的中点 A_1 的坐标为 $(\dfrac{x+2}{2},\dfrac{y}{2})$,由毕氏定理知

$$AA_1=\sqrt{(\dfrac{x+y}{2}-0)^2+(\dfrac{y}{2}-0)^2}=\dfrac{3}{2}(中线长)$$

所以 $(x+2)^2+y^2=9$

此方程式表示 $C(x,y)$ 在以 $(-2,0)$ 为中心,半径为 3 的圆上,换言之,即 C 的轨迹为一圆,半径为 3,且中心在 BA 上,距 B 为 4.

答案:(D).

50. 经过两小时的追逐,时间已是下午 1:45 了,两船相距尚有 4 km($10+8\times2-2\times11=4$). 设 t 为私掠船追及商船所需的时间,并以 D 与 $D+4$ 表示商船与私掠船在时间 t 内所航行的距离时,则 $8t=D$. 此时私掠船的速率为 $8\times\dfrac{17}{15}$,故

$$8\times\dfrac{17}{15}t=D+4$$

所以 $(\dfrac{8\times17}{15}-8)t=4$

所以 $t=3\dfrac{3}{4}$(h)

故追及的时间为下午 5:30.

答案:(E).

1951 年试题

第 2 章

1 第一部分

1. M 大于 N 的百分比是(   ).

   (A) $\dfrac{100(M-N)}{M}$ (B) $\dfrac{100(M-N)}{N}$

   (C) $\dfrac{M-N}{N}$ (D) $\dfrac{M-N}{M}$

   (E) $\dfrac{100(M+N)}{N}$

2. 一矩形牧场,宽为其长的一半,且被周长为 x 的竹篱完全围住,则矩形的面积以 x 表示时为(   ).

   (A) $\dfrac{x^2}{2}$ (B) $2x^2$ (C) $\dfrac{2x^2}{9}$

   (D) $\dfrac{x^2}{18}$ (E) $\dfrac{x^2}{72}$

3. 若正方形的对角线长为 $a+b$,则此正方形的面积为(   ).

   (A) $(a+b)^2$ (B) $\dfrac{1}{2}(a+b)^2$

   (C) a^2+b^2 (D) $\dfrac{1}{2}(a^2+b^2)$

   (E) 非上述答案

4. 一矩形平顶仓库,宽 10 m,长 13 m,高 5 m,仓库的内、外侧及天花板需涂漆,但屋顶或地面不涂,需涂的平方米数为(   ).

   (A)360   (B)460   (C)490   (D)590
   (E)720

5. 甲有一栋房子,价值 \$10 000,他以房子的价值为根据,将它卖给乙需获 10% 的纯利,乙将房子又卖返给甲,失利 10%,那么(   ).

   (A)甲刚好利亏平衡

   (B)甲在买卖中获利 \$1 100

   (C)甲在买卖中获利 \$1 000

   (D)甲在买卖中亏本 \$900

   (E)甲在买卖中亏本 \$1 000

6. 一矩形盒子的底面、侧面、前面的面积均为已知,这些面积的乘积等于(   ).

   (A)盒子的体积   (B)体积的平方根

   (C)体积的两倍   (D)体积的平方

   (E)体积的立方

7. 测一线长为 10 cm 时的误差为 0.02 cm,而测一线长为 100 cm 时的误差为 0.2 cm.若以第一次测量的相对误差来比较,第二次测量的相对误差为(   ).

   (A)大于 0.18   (B)相同

   (C)小于 3   (D)10 倍大

   (E)在(A)与(D)中所述的均正确

8. 一物品的价格减去 10% 的折扣,为了要保持它原先的价值,新价格应增加(   ).

   (A)10%   (B)9%   (C)$11\frac{1}{9}$%   (D)11%

(E)非上述答案

9. 一边长为 a 的等边三角形,一新的等边三角形由联结原三角形各边中点而得,第三个等边三角形亦由联结第二个等边三角形的各边中点而得,如此继续下去,则这些三角形周长的和的极限为( ).

(A)不定 (B)$5\frac{1}{4}a$ (C)$2a$ (D)$6a$

(E)$4\frac{1}{2}a$

10. 下列叙述中,错误的一项是( ).
   (A)已知矩形的底边变为原来的两倍,其面积也变为原来的两倍
   (B)已知三角形的高变为原来的两倍,其面积也变为原来的两倍
   (C)已知圆的半径变为原来的两倍,其面积也变为原来的两倍
   (D)一分数的分母变为原来的两倍,且以 2 除其分子时改变其商
   (E)一已知量变为原来的两倍后,较原先的小

11. 在一等比级数中,无穷项之和的极限为 $\frac{a}{1-r}$,其中 a 表示第一项,$r(-1<r<1)$ 表示公比,这些项平方之和的极限为( ).

(A)$\frac{a^2}{(1-r)^2}$　　　(B)$\frac{a^2}{1+r^2}$

(C)$\frac{a^2}{1-r^2}$　　　(D)$\frac{4a^2}{1+r^2}$

(E)非上述答案

12. 时间 2:15,其时针与分针的夹角为( ).

(A)$30°$ (B)$5°$ (C)$22\frac{1}{2}°$ (D)$7\frac{1}{2}°$
(E)$28°$

13. 甲能在9天内完成一项工作,乙比甲能干50%,那么乙做同项工作的天数为(　　)天.

(A)$13\frac{1}{2}$ (B)$4\frac{1}{2}$ (C)6 (D)3

(E)非上述答案

14. 有关几何上的证明,下列叙述中不正确的是(　　).
(A)某些叙述无需证明即可接受
(B)在某些例子中,证明固定的命题常有不止一种的正确方法
(C)每一术语,若用于证明之中,必须事先加以定义
(D)若已知有一不真的命题时,则不可能由正确的理由获得正确的结果
(E)无论相反的命题有两种或两种以上时亦可用间接证明法

15. 无论 n 的整数值如何,可整除 $n^3 - n$ 的最大数是(　　).
(A)2 (B)3 (C)4 (D)5
(E)6

2 第二部分

16. 由应用二次标准式于二次方程式,若 $f(x) \equiv ax^2 + bx + c = 0$,得到 $c = \frac{b^2}{4a}$,则 $y = f(x)$ 的图像将

( ).

(A)有一极大值 　　(B)有一极小值

(C)与 x 轴相切 　　(D)与 y 轴相切

(E)只落在第一象限内

17. 指出在下列的等式中何者表示 y 既非正比亦非反比于 x ( ).

(A) $x+y=0$ 　　(B) $3xy=10$

(C) $x=5y$ 　　(D) $3x+y=10$

(E) $\dfrac{x}{y}=\sqrt{3}$

18. 式 $21x^2+ax+21$ 可分解成两个线性(一次)质因式,且系数为整数时,则 a 为( ).

(A)任何奇数 　　(B)某奇数

(C)任何偶数 　　(D)某偶数

(E)零

19. 六位数由三位数重复而得,如 256 256 或 678 678 等,此型的任何数常恰可被何数整除?( )

(A)只有 7 　　(B)只有 11

(C)只有 13 　　(D)101

(E)1 001

20. 当化简且以负指数表示时,式 $(x+y)^{-1}\cdot(x^{-1}+y^{-1})$ 等于( ).

(A) $x^{-2}+2x^{-1}y^{-1}+y^{-2}$ 　(B) $x^{-2}+2^{-1}x^{-1}y^{-1}+y^{-2}$

(C) $x^{-1}y^{-1}$ 　　(D) $x^{-2}+y^{-2}$

(E) $\dfrac{1}{x^{-1}y^{-1}}$

21. 已知:$x>0, y>0, x>y$ 且 $z\neq 0$,不常成立的不等式为( ).

(A)$x+z>y+z$ (B)$x-z>y-z$

(C)$xz>yz$ (D)$\dfrac{x}{z^2}>\dfrac{y}{z^2}$

(E)$xz^2>yz^2$

22. 在等式 $\lg(a^2-15a)=2$ 中,a 的值为( ).

(A)$\dfrac{15\pm\sqrt{233}}{2}$ (B)$20,-5$

(C)$\dfrac{15\pm\sqrt{305}}{2}$ (D)± 20

(E)非上述答案

23. 一圆柱状的盒子,半径为 8 cm,高为 3 cm. 当半径与高都增加同一长度时,能使其体积增加同一非零之数,则此增加的长度为( ).

(A)1 (B)$5\dfrac{1}{3}$ (C)任何数 (D)不存在

(E)非上述答案

24. 化简 $\dfrac{2^{n+4}-2\times 2^n}{2\times 2^{n+3}}$ 为( ).

(A)$2^{n+1}-\dfrac{1}{8}$ (B)-2^{n+1}

(C)$1-2^n$ (D)$\dfrac{7}{8}$

(E)$\dfrac{7}{4}$

25. 若一正方形的面积与其周长在数值上相等,而一正三角形的面积也与其周长在数值上相等,则前者的边心距与后者的边心距比较时,前者边心距的长( ).

(A)等于后者 (B)是后者的 $\dfrac{4}{3}$ 倍

(C)是后者的 $\dfrac{2}{\sqrt{3}}$ 倍　　(D)后者的 $\dfrac{\sqrt{2}}{\sqrt{3}}$ 倍

(E)与后者的关系不定

26. 在方程式 $\dfrac{x(x-1)-(m+1)}{(x-1)(m-1)}=\dfrac{x}{m}$ 中,所有的根相等是当(　　).

    (A) $m=1$ 　　(B) $m=\dfrac{1}{2}$

    (C) $m=0$ 　　(D) $m=-1$

    (E) $m=-\dfrac{1}{2}$

27. 自三角形内一点与各顶点的连线交对边而形成 6 个三角形区域,则(　　).

    (A)对顶的三角形相似

    (B)对顶的三角形全等

    (C)对顶的三角形面积相等

    (D)形成 3 个相似四边形

    (E)非上述答案

28. 风对于帆船的压力是随风帆的面积及风的速度平方而变,已知当风的速度为 16 km/h 时,每平方米帆布上的压力为 1 N. 当每平方分米上的压力为 36 N 时,风的速度为(　　).

    (A) $10\dfrac{2}{3}$ km/h 　　(B) 96 km/h

    (C) $\dfrac{48}{5}$ km/h 　　(D) $1\dfrac{2}{3}$ km/h

    (E) 16 km/h

29. 下列数据,唯一无法决定三角形的形状的为(　　).

(A)两边之比及其夹角 (B)三高之比
(C)三中线之比   (D)高与其对应底之比
(E)两角

30. 两柱高20及80,相距100,两柱之高与它柱之底的连线,其交点的高度为( ).
(A)50   (B)40   (C)16   (D)60
(E)非上述答案

31. 在一宴会结束时,总共进行了28次握手,假设每一位参加宴会的人对其他的与会人士均有一样的礼节,那么与会人士共有( ).
(A)14人 (B)28人 (C)56人 (D)8人
(E)7人

32. 若△ABC 内接于一直径为 AB 的半圆内,则 AC + BC ( ).

(A)等于 AB   (B)等于 $AB\sqrt{2}$
(C)大于等于 $AB\sqrt{2}$ (D)小于等于 $AB\sqrt{2}$
(E)等于 AB^2

33. 方程式 $x^2 - 2x = 0$ 的根可由图形法求得,即等于求下列各组方程式交点的横坐标,其中有一组例外为( ).
(A) $y = x^2, y = 2x$
(B) $y = x^2 - 2x, y = 0$
(C) $y = x, y = x - 2$
(D) $y = x^2 - 2x + 1, y = 1$
(E) $y = x^2 - 1, y = 2x - 1$

34. $10^{\lg 7}$ 的值为( ).
(A)7   (B)1   (C)10   (D)lg 7
(E)$\log_7 10$

35. 若 $a^x = c^q = b$ 且 $c^y = a^z = d$,则( ).

(A) $xy = qz$ (B) $\dfrac{x}{y} = \dfrac{q}{z}$

(C) $x + y = q + z$ (D) $x - y = q - z$

(E) $x^y = q^z$

3 第三部分

36. 下列是证明几何图形为一轨迹的方法,其中不正确的是( ).

(A) 在轨迹上的每一点满足条件,且不在轨迹上的每一点不满足条件

(B) 不满足条件的每一点不在轨迹上,且在轨迹上的每一点满足条件

(C) 满足条件的每一点在轨迹上,且在轨迹上的每一点满足条件

(D) 不在轨迹上的每一点不满足条件,且不满足条件的每一点不在轨迹上

(E) 满足条件的每一点在轨迹上,且不满足条件的每一点不在轨迹上

37. 一数被10所除,余9;被9所除,余8;被8所除,余7;……直至,被2所除,余1,则此数为( ).

(A) 59   (B) 419   (C) 1 259   (D) 2 519

(E) 非上述答案

38. 欲让火车道横跨一山头,高度需提升600 m,此高度可由增长车道,环绕山顶来缓陡坡,若使缓陡由3%变为2%时,需增长的车道大约为( ).

(A) 10 000 m (B) 20 000 m
(C) 30 000 m (D) 12 000 m
(E) 非上述答案

39. 一石落井,7.7 s 后闻石至井底的回声,设石落 t s 的距离为 $16t^2$ m,且声速为 1 120 m/s,则井深为( ).

(A) 784 m (B) 342 m
(C) 1 568 m (D) 156.8 m
(E) 非上述答案

40. $\left[\dfrac{(x+1)^2(x^2-x+1)^2}{(x^3+1)^2}\right]^2 \cdot \left[\dfrac{(x-1)^2(x^2+x+1)^2}{(x^3-1)^2}\right]^2$ 等于( ).

(A) $(x+1)^4$ (B) $(x^3+1)^4$
(C) 1 (D) $[(x^3+1)(x^3-1)]^2$
(E) $[(x^3-1)^2]^2$

41. x 与 y 之间的关系表为:

x	2	3	4	5	6
y	0	2	6	12	20

表示上面关系的式子为( ).
(A) $y = 2x - 4$ (B) $y = x^2 - 3x + 2$
(C) $y = x^3 - 3x^2 + 2x$ (D) $y = x^2 - 4x$
(E) $y = x^2 - 4$

42. 若 $x = \sqrt{1+\sqrt{1+\sqrt{1+\sqrt{1+\cdots}}}}$,则( ).
(A) $x = 1$ (B) $0 < x < 1$
(C) $1 < x < 2$ (D) x 是无穷大
(E) $x > 2$,但为定值

43. 下列叙述中,唯一不正确的是( ).

(A)一不等式当以相同的正量增加、减少、乘积或除商(零除外)之后仍成立

(B)两不等正量的算术平均大于其几何平均

(C)若已知两正量之和,则其积当两正量相等时最大

(D)若 a 与 b 是正的,且不等,则 $\frac{1}{2}(a^2+b^2)$ 大于 $[\frac{1}{2}(a+b)]^2$

(E)若两正量之积为已知,则其和在两量相等时最大

44. 若 $\frac{xy}{x+y}=a, \frac{xz}{x+z}=b$,且 $\frac{yz}{y+z}=c$,其中 a,b 与 c 为异于零,则 x 等于(　　).

(A) $\dfrac{abc}{ab+ac+bc}$　　　(B) $\dfrac{2abc}{ab+bc+ac}$

(C) $\dfrac{2abc}{ab+ac-bc}$　　　(D) $\dfrac{2abc}{ab+bc-ac}$

(E) $\dfrac{2abc}{ac+bc-ab}$

45. 若已知 lg 8 = 0.903 1 及 lg 9 = 0.954 2,则在不用对数表之下唯一无法求得的对数是(　　).

(A) lg 17　　　　　(B) lg $\dfrac{5}{4}$

(C) lg 15　　　　　(D) lg 600

(E) lg 4

46. AB 为圆 O 的固定直径,自圆上任意一点 C 作一弦 CD 垂直于 AB. 当 C 在半圆上移动时,$\angle OCD$ 的平分线交圆周于一点,则此点(　　).

(A)平分$\overset{\frown}{AB}$　　　　(B)三等分$\overset{\frown}{AB}$
(C)为变动的　　　　(D)距D与距AB等长
(E)与B,C等距

47. 若r与s是方程式$ax^2+bx+c=0$的根,则$\dfrac{1}{r^2}+\dfrac{1}{s^2}$的值为(　　).

(A)b^2-4ac　　　　(B)$\dfrac{b^2-4ac}{2a}$

(C)$\dfrac{b^2-4ac}{c^2}$　　　　(D)$\dfrac{b^2-2ac}{c^2}$

(E)非上述答案

48. 内接于半圆的正方形的面积与内接于一整圆的正方形的面积之比为(　　).
(A)1:2　　(B)2:3　　(C)2:5　　(D)3:4
(E)3:5

49. 自直角三角形的锐角顶点所作的中线长为5与$\sqrt{40}$,那么斜边边长为(　　).
(A)10　(B)$2\sqrt{40}$　(C)$\sqrt{13}$　(D)$2\sqrt{13}$
(E)非上述答案

50. 甲、乙、丙三人进行100 km旅程的旅行.甲与丙以25 km/h的车速前行,而乙却以5 km/h的速度步行,经过某距离后,丙下车改步行,速度为5 km/h,而甲驾车折返,将乙载上而与丙同时到达目的地,则此旅程所经历的时间为(　　)h.
(A)5　　(B)6　　(C)7　　(D)8
(E)非上述答案

第 2 章 1951 年试题

4 答 案

1.(B)　2.(D)　3.(B)　4.(D)　5.(B)　6.(D)
7.(B)　8.(C)　9.(D)　10.(C)　11.(C)
12.(C)　13.(C)　14.(C)　15.(E)　16.(C)
17.(D)　18.(D)　19.(E)　20.(C)　21.(C)
22.(B)　23.(B)　24.(D)　25.(A)　26.(E)
27.(E)　28.(C)　29.(D)　30.(C)　31.(D)
32.(D)　33.(C)　34.(A)　35.(A)　36.(B)
37.(D)　38.(A)　39.(A)　40.(C)　41.(B)
42.(C)　43.(E)　44.(E)　45.(A)　46.(A)
47.(D)　48.(C)　49.(D)　50.(D)

5　1951 年试题解答

1. M 大于 N 的百分比是"M 大于 N"对 N 的比，即 $\frac{M-N}{N}$，换成百分比，即为 $\frac{M-N}{N}100$.

答案:(B).

2. 设 a 表示矩形牧场的长，则宽为 $\frac{a}{2}$.

由题意知 $2(a+\frac{a}{2})=x$，所以 $a=\frac{x}{3}$.

所以面积为 $a \cdot \frac{a}{2} = \frac{1}{2} \cdot a^2 = \frac{1}{2} \cdot \frac{x^2}{9} = \frac{x^2}{18}$.

答案:(D).

3. 设正方形的一边长为 x, 则 $x^2 + x^2 = (a+b)^2$, 所以
$$x = \frac{1}{\sqrt{2}}(a+b)$$
所以 $\qquad x^2 = \frac{1}{2}(a+b)^2$

答案:(B).

4. 天花板需涂 $13 \times 10 = 130 \ \text{m}^2$, 四个侧面需涂 $2 \times 13 \times 5 + 2 \times 10 \times 5 = 230 \ \text{m}^2$, 但又分内外侧, 为 $2 \times 230 = 460 \ \text{m}^2$, 故共涂 $460 + 130 = 590 \ \text{m}^2$.

答案:(D).

5. 甲将房子卖给乙得利 10%, 故需以 $10\ 000 \times (1 + 10\%) = \$11\ 000$ 为卖价.

今乙在失利 10% 下卖返给甲, 即以 $11\ 000 \times (1 - 10\%) = \$9\ 900$ 为卖价.

于是甲先后获利为
$$\$11\ 000 - \$9\ 900 = \$1\ 100$$

答案:(B).

6. 设矩形盒子各边长分别为 a,b,c. 盒子的底面、侧面、前面的面积分别为 ab,bc,ca, 这些面积的乘积为
$$a^2 b^2 c^2 = (abc)^2$$

答案:(D).

7. 因为 相对误差 = $\dfrac{误差}{测量的长}$, 所以 $\dfrac{0.02}{10} = \dfrac{0.2}{100}$.

答案:(B).

8. 设原价格为 x, 则
$$x(1-10\%):x = 1:y$$
所以 $\qquad y = \dfrac{1}{1-10\%} = \dfrac{1}{0.9} \times 100\% = 111\dfrac{1}{9}\%$

第2章　1951年试题

所以 $111\frac{1}{9}\% - 100\% = 11\frac{1}{9}\%$.

答案:(C).

9. 可知
$$3a + \frac{1}{2} \cdot 3a + \frac{1}{2^2} \cdot 3a + \cdots$$
$$= 3a(1 + \frac{1}{2} + \frac{1}{2^2} + \cdots)$$
$$= 3a \cdot \frac{1}{1-\frac{1}{2}} = 6a$$

答案:(D).

10. (C)是错误的,因已知圆的半径变为原来的两倍后,其面积将变为原来的四倍.

答案:(C).

11. 级数 $a, ar, ar^2, \cdots$

平方后为
$$a^2, a^2r^2, a^2r^4, \cdots$$

所以
$$S_2 = a^2 + a^2r^2 + a^2r^4 + \cdots$$
$$= a^2(1 + r^2 + r^4 + \cdots)$$
$$= a^2 \cdot \frac{1}{1-r^2} = \frac{a^2}{1-r^2}$$

答案:(C).

12. 2:00时分针与时针的夹角为60°,因分针的速率为时针的12倍,故当分针走90°时,时针走$(\frac{90}{12})°$,故在2:15时,时针与分针的夹角为
$$90° - [60° + (\frac{90}{12})°] = 22\frac{1}{2}°$$

39

答案:(C).

13. $9 \cdot 1 = x \cdot 1\frac{1}{2}$,所以 $x = \dfrac{9}{\frac{3}{2}} = 6$.

答案:(C).

14. (A)正确,如公理即为一种无需证明即可接受的叙述.
    (B)正确,证明法可分直接与间接两种方法.
    (C)不正确,无定义的术语即无需事先加以定义.
    (D)正确,很明显的.
    (E)正确,如穷举法便属间接证明法.
    答案:(C).

15. $n^3 - n = n(n^2 - 1) = (n-1)n(n+1)$
    此表示三个连续整数,故其中必含一个偶数及一个 3 的倍数,故可被 6 整除.对所有成 $n^3 - n$ 的数而言,6 是最大的约数.
    答案:(E).

16. 因 $b^2 = 4ac$,故知 $ax^2 + bx + c = 0$ 有等根,等根在几何上的意义是相切,而根是指与 x 轴的交点.
    答案:(C).

17. 所谓成比例是指 x, y 之间有 $x = ky$ 或 $xy = k$ 存在之意.今(A),(B),(C)与(E)均成上述之型,独(D)无.
    答案:(D).

18. 由未定系数法知
    $21x^2 + ax + 21 \equiv (Ax + B)(Cx + D)$
    $\equiv ACx^2 + (BC + AD)x + BD$
    则 $AC = 21, BD = 21, a = BC + AD$. 因为 $AC = 21$,所

以 A,C 均为奇数,同理,B,D 亦均为奇数,奇数之积仍为奇数,所以 $BC+AD$ 为两奇数之和,故 a 为偶数. 又因 21 的因数为 1,3,7,21 共 4 个因数,故知 a 为某偶数,不可为任何偶数.

答案:(D).

19. 设其六位数中重复的三位数为 μ,则六位数可表示成 $1\,000\mu+\mu$. 如 256 256 可表示成 $256\times1\,000+256, \mu(1\,000+1)=\mu\cdot1\,001$.

答案:(E).

20. 有
$$(x+y)^{-1}\cdot(x^{-1}+y^{-1})$$
$$=(x+y)^{-1}\cdot[(x+y)\cdot x^{-1}y^{-1}]$$
$$=[(x+y)^{-1}\cdot(x+y)]\cdot x^{-1}y^{-1}$$
$$=x^{-1}y^{-1}$$

答案:(C).

21. 如 z 为负,则 $xz<yz$.

答案:(C).

22. $\lg(a^2-15a)=2$,由对数定义得 $a^2-15a=10^2$,所以 $a^2-15a-100=0$,所以 $(a-20)(a+5)=0$,所以 $a=20$ 或 -5,故解集为 $\{20,-5\}$.

答案:(B).

23. 圆柱的体积 $V=\pi r^2\cdot h$,由题意知,设增加的长度为 x,则 $\pi(r+x)^2\cdot h=\pi r^2\cdot(x+h)$,所以
$$(r+x)^2\cdot h=r^2(x+h)$$
$$r^2h+2rxh+x^2h=r^2x+r^2h$$
$$2rh+xh=r^2$$

所以

$$x = \frac{r^2}{h} - 2r = \frac{8^2}{3} - 2 \times 8 = \frac{16}{3} = 5\frac{1}{3}$$

答案：(B).

24. 可知
$$\frac{2^{n+4} - 2 \times 2^n}{2 \times 2^{n+3}} = \frac{2^{n+1} \times (2^3 - 1)}{2^{n+4}}$$
$$= \frac{2^3 - 1}{2^3} = \frac{7}{8}$$

答案：(D).

25. 设 s_1 表示正方形的一边，a_1 表示其边心距，则 $s_1^2 = 4s_1$，$2a_1 = s_1$，所以 $4a_1^2 = 8a_1$，即 $a_1 = 2$. 又设 s_2 表示正三角形的一边，a_2 表示其边心距，则 $\frac{\sqrt{3}}{4}s_2^2 = 3s_2$（正三角形的面积为其边的平方的 $\frac{\sqrt{3}}{4}$），所以 $h = 3a_2$（h 表示高），而 $h = \frac{\sqrt{3}}{2}s_2$，所以 $s_2 = \frac{6}{\sqrt{3}}a_2$，所以 $(\frac{6}{\sqrt{3}}a_2)^2 \frac{\sqrt{3}}{4} = 3 \cdot \frac{6}{\sqrt{3}}a_2$，所以 $a_2 = 2 = a_1$.

答案：(A).

26. 由 $\frac{x(x-1) - (m+1)}{(x-1)(m-1)} = \frac{x}{m}$，有
$$\frac{x(x-1) - (m+1)}{m-1} = \frac{x(x-1)}{m}$$

和比
$$\frac{m+1}{1} = \frac{x(x-1)}{m}$$

所以
$$(m+1)m = x(x-1)$$
$$(m+1)[(m+1) - 1] = x(x-1)$$

所以 $\qquad x = m+1$ 或 $-m$

若 $m+1 = -m$,即两根相等时非 $m = -\dfrac{1}{2}$ 不可.

答案:(E).

27. (A),(D)可由证明对应角有不相等的情况存在,该三角形乃为一般三角形,其内一点可特别选择.(A)不成立,(B)当然不成立,因全等必相似,而相似不一定全等.(C)亦可由实际作图即可断定其不正确.

答案:(E).

28. 设 P 表示压力,v 表示风速,S 表示帆布的面积.

则 $P = kSv^2$,当 $S=1$,$v=16$,$P=1$ 时,$k = \dfrac{1}{16^2}$,即

$$\dfrac{36}{10^2} = \dfrac{1}{16^2} \cdot 1 \cdot v^2,\text{所以} v = \dfrac{48}{5}(\text{km/h}).$$

答案:(C).

29. (D)可决定三角形,但此时所决定的三角形无数而形状不一定(如图所示).

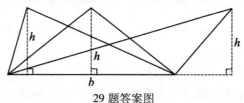

29 题答案图

答案:(D).

30. 如图,由相似三角形,可得

$$\dfrac{1}{x} = \dfrac{1}{20} + \dfrac{1}{80}$$

所以 $\qquad x = 16$

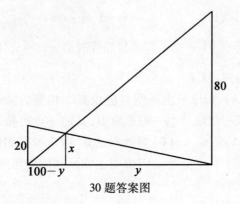

30题答案图

或 $\dfrac{20}{100} = \dfrac{x}{y}$,即 $y = 5x$,且

$$\dfrac{80}{100} = \dfrac{x}{100-y} = \dfrac{x}{100-5x}$$

所以 $\qquad x = 16$

答案:(C).

31. 设与会的人士共有 n 人,对其中一人 P 来说可以跟除本人以外的 $n-1$ 人握手. 今有 n 人,故共有 $\dfrac{n(n-1)}{2}$ 次握手数,即 $\dfrac{n(n-1)}{2} = 28$,所以

$n^2 - n - 56 = 0, (n-8)(n+7) = 0, n+7 \neq 0$,

所以 $n = 8$.

答案:(D).

32. 内接于圆的三角形中(一边固定),等腰直角三角形的周长最大,即 $AB + AC = \sqrt{2}AB$,故一般而言 $AB + AC \leq \sqrt{2}AB$.

答案:(D).

33. 可知

$$x^2 - 2x = 0 \Leftrightarrow x^2 = 2x \Leftrightarrow x^2 - 2x + 1 = 1$$

第 2 章　1951 年试题

$$\Leftrightarrow x^2 - 1 = 2x - 1$$

答案：(C).

34. 令 $10^{\lg 7} = y$，两边取对数，所以

$$\lg 7 \cdot \lg 10 = \lg y$$

所以　　　　　　$\lg 7 = \lg y$

所以 $y = 7$.

答案：(A).

35. 因为　　　　$c^y = a^z, c = a^{\frac{z}{y}}$

所以　　　　$c^q = a^{(\frac{z}{y})q} = a^x$

所以　　　　$x = \dfrac{zq}{y}$

所以　　　　$xy = zq$

答案：(A).

36. 证明一几何图形为一轨迹的方法：(1)包括所有的适合点；(2)不包括所有不适合的点. 由此可见(B)不正确，因其没说每一满足条件的点在轨迹上.

答案：(B).

37. 设此数为 N，则由题意知

$$N = 10a_9 + 9 = 9a_8 + 8 = \cdots = 2a_1 + 1$$

其中 $a_1, a_2, \cdots, a_9$ 表示商，所以

$$N + 1 = 10(a_9 + 1) = 9(a_8 + 1) = \cdots = 2(a_1 + 1)$$

可见 $N + 1$ 是 $10, 9, 8, \cdots, 2$ 的倍数，即取 $N + 1$ 为 $10, 9, 8, \cdots, 2$ 的最小公倍数即可. $10, 9, 8, \cdots, 2$ 的最小公倍数为 $2^3 \times 5 \times 3^2 \times 7 = 2\ 520$，所以

$$N = 2\ 520 - 1 = 2\ 519$$

答案：(D).

38. 设 3% 时提升 600 m，所行的车道长为 x m，则

$3\% = \dfrac{600}{x}$，所以 $x = 20\,000(\mathrm{m})$.

今设由 3% 变为 2% 需增长的车道为 t m，则 $\dfrac{600}{x+t} = 2\%$，所以 $t = 10\,000(\mathrm{m})$.

答案：(A).

39. 设井深为 h，且设石落井所经历的时间为 t，则
$$h = 16t^2$$
$$t + \dfrac{h}{1\,120} = 7.7$$
$$t^2 + 70t - 7 \times 77 = 0$$
所以 $(t+77)(t-7) = 0$

所以 $t = 7(\mathrm{s})$，所以 $h = 16 \times 7^2 = 784(\mathrm{m})$.

答案：(A).

40. 可知
$$\left[\dfrac{(x+1)^2(x^2-x+1)^2}{(x^3+1)^2}\right]^2 \cdot \left[\dfrac{(x-1)^2(x^2+x+1)^2}{(x^3-1)^2}\right]^2$$
$$= \left[\dfrac{(x^3+1)^2}{(x^3+1)^2}\right]^2 \cdot \left[\dfrac{(x^3-1)^2}{(x^3-1)^2}\right]^2 = 1$$

答案：(C).

41. 由观察表可知 x,y 之间为非线性关系（即非一次关系式）. 故 (A) 不符合. 由 $x=2, y=0$ 知 x,y 之间含因式 $x-2$，故 (D) 不符合. 由 $x=3, y=2$ 知 (C)、(E) 不符合.

答案：(B).

42. 因为
$$x^2 = 1 + \sqrt{1 + \sqrt{1 + \sqrt{1 + \cdots}}} = 1 + x$$
所以 $x^2 - x - 1 = 0, x \approx 1.62$，所以 $1 < x < 2$.

答案：(C).

43. 设两正量为 x,y, 则可令 $y=x+h$, 其中当 $x=y$ 时, $h=0$; 当 $x<y$ 时, $h>0$; 当 $x>y$ 时, $h<0$. 由假设
$$x(x+h)=k(k\text{ 为已知})$$
$$x^2+hx-k=0$$
所以 $x=\dfrac{-h+\sqrt{h^2+4k}}{2}$ (另一值不符合 x 为正量的要求), $y=x+h=\dfrac{h+\sqrt{h^2+4k}}{2}$, 所以
$$x+y=\sqrt{h^2+4k}$$
当 $x=y$ 时, $h=0$, 所以 $x+y=\sqrt{4k}$, 但 $h^2\geqslant 0$, 所以 $x+y\geqslant\sqrt{4k}$, 故当 $x=y$ 时, $x+y$ 的最小值为 $\sqrt{4k}$.
答案: (E).

44. 已知
$$\dfrac{xy}{x+y}=a, \dfrac{xz}{x+z}=b, \dfrac{yz}{y+z}=c$$
则
$$\dfrac{x+y}{xy}=\dfrac{1}{a}, \dfrac{x+z}{xz}=\dfrac{1}{b}, \dfrac{y+z}{yz}=\dfrac{1}{c}$$
所以
$$\dfrac{1}{x}+\dfrac{1}{y}=\dfrac{1}{a}, \dfrac{1}{x}+\dfrac{1}{z}=\dfrac{1}{b}, \dfrac{1}{y}+\dfrac{1}{z}=\dfrac{1}{c}$$
三式各边相加得
$$\dfrac{1}{x}+\dfrac{1}{y}+\dfrac{1}{z}=\dfrac{1}{2}(\dfrac{1}{a}+\dfrac{1}{b}+\dfrac{1}{c})$$
减去第三式得
$$\dfrac{1}{x}=\dfrac{1}{2}(\dfrac{1}{a}+\dfrac{1}{b}-\dfrac{1}{c})=\dfrac{bc+ca-ab}{2abc}$$
$$x=\dfrac{2abc}{bc+ca-ab}$$

答案:(E).

45. 因为
$$\lg 8 = \lg 2^3 = 3\lg 2 = 0.9031$$
所以
$$\lg 2 = 0.3010$$
又因为
$$\lg 9 = \lg 3^2 = 2\lg 3 = 0.9542$$
所以
$$\lg 3 = 0.4771$$
而
$$\lg 5 = \lg \frac{10}{2} = \lg 10 - \lg 2 = 1 - \lg 2$$
$$= 1 - 0.3010 = 0.6980$$
$$\lg 15 = \lg 3 + \lg 5$$
$$\lg 600 = \lg 100 + \lg 6 = 2 + \lg 2 + \lg 3$$
$$\lg 4 = \lg 4 - \lg 10 = 2\lg 2 - 1$$
$$\lg 17 = \lg(8+9) \neq \lg 8 + \lg 9$$

答案:(A).

46. 如图,延长 CO 交圆于 E,则 $\angle CDE = 90°$,即 $CD \perp DE$.

因为 $CD \perp AB$,所以 $AB /\!/ DE$.

设 CP 为 $\angle OCD$ 的平分线,且交圆于点 P,则 P 是 $\overset{\frown}{DE}$ 的中点.

又因为 $DE /\!/ AB$,所以 P 亦为 $\overset{\frown}{AB}$ 的中点,所以无论 C 的位置如何在半圆上移动,都有 $DE /\!/ AB$,所以 $\overset{\frown}{DE}$ 的中点即恒为 $\overset{\frown}{AB}$ 的中点.

答案:(A).

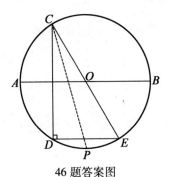

46题答案图

47. 因为

$$r+s = \frac{-b}{a}, rs = \frac{c}{a}$$

所以

$$\frac{1}{r}+\frac{1}{s} = \frac{r+s}{rs} = \frac{-\frac{b}{a}}{\frac{c}{a}} = \frac{-b}{c}$$

则

$$\frac{1}{r^2}+\frac{1}{s^2}$$

$$=(\frac{1}{r}+\frac{1}{s})^2 - \frac{2}{rs}$$

$$=(\frac{-b}{c})^2 - \frac{2}{\frac{c}{a}}$$

$$=\frac{b^2}{c^2}-\frac{2a}{c} = \frac{b^2-2ac}{c^2}$$

答案:(D).

48. 如图,设内接于半圆的正方形一边为 x,内接于全圆的正方形一边为 y,而 R 为圆的半径,则

$$x^2+(\frac{x}{2})^2=R^2$$

所以
$$x^2=\frac{4}{5}R^2$$

$$(\frac{y}{2})^2+(\frac{y}{2})^2=R^2$$

所以
$$y^2=2R^2$$

所以
$$\frac{x^2}{y^2}=\frac{\frac{4}{5}R^2}{2R^2}=\frac{2}{5}$$

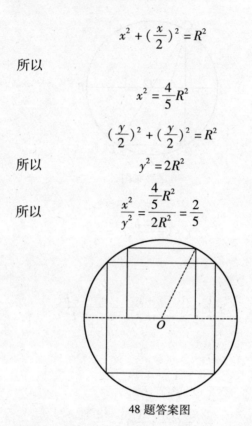

48题答案图

答案:(C).

49. 如图,设直角三角形的两直角边长各为 x,y. x 上的中线长为 $\sqrt{40}$,y 上的中线长为 5,则

$$(\frac{x}{2})^2+y^2=(\sqrt{40})^2$$

$$(\frac{y}{2})^2+x^2=5^2$$

各边相加,所以 $\frac{5}{4}x^2+\frac{5}{4}y^2=65$,所以 $x^2+y^2=52$,

所以 $\sqrt{x^2+y^2} = \sqrt{52} = 2\sqrt{13}$.

答案:(D).

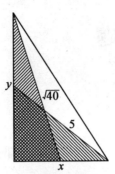

49 题答案图

50. 设 t_1, t_2, t_3 各表示车子前行、回头载乙、再达目的地的时间,则对车子而言
$$25t_1 - 25t_2 + 25t_3 = 100$$
对乙而言
$$5t_1 + 5t_2 + 25t_3 = 100$$
对丙而言
$$25t_1 + 5t_2 + 5t_3 = 100$$
即
$$t_1 - t_2 + t_3 = 4$$
$$t_1 + t_2 + 5t_3 = 20$$
$$5t_1 + t_2 + t_3 = 20$$
解得
$$t_1 = 3, t_2 = 2, t_3 = 3$$
所以 $t_1 + t_2 + t_3 = 8$,故所经历的时间为 8 h.

答案:(D).

1952年试题

1 第一部分

1. 若一圆的半径为一有理数,则其面积为( ).
   (A)有理数 (B)无理数 (C)整数
   (D)完全平方数 (E)非上述答案

2. 两班学生参加同一测验.有20名学生的一班,平均分数是80分,有30名学生的一班,平均分数是70分,两班的所有学生的平均分数是( ).
   (A)75 (B)74 (C)72
   (D)77 (E)非上述答案

3. 式 $a^3 - a^{-3}$ 等于( ).
   (A) $(a - \frac{1}{a})(a^2 + 1 + \frac{1}{a^2})$
   (B) $(\frac{1}{a} - a)(a^2 - 1 + \frac{1}{a^2})$
   (C) $(a - \frac{1}{a})(a^2 - 2 + \frac{1}{a^2})$
   (D) $(\frac{1}{a} - a)(\frac{1}{a^2} + 1 + a^2)$
   (E)非上述答案

4. 邮寄 p kg (p 为整数)包裹的费用为 C,已知第 1 kg 所需费用为 1 元,每增加 1 kg,所需费用增加 3 角,则费用公式为( ).

(A) $C = 10 + 3p$　　　(B) $C = 10p + 3$
(C) $C = 10 + 3(p-1)$　(D) $C = 9 + 3p$
(E) $C = 10p - 7$

5. 联结两点 $(6,12)$ 与 $(0,-6)$ 的直线过( ).
(A) $(3,3)$　(B) $(2,1)$　(C) $(7,16)$
(D) $(-1,-4)$　(E) $(-3,-8)$

6. $x^2 - 7x - 9 = 0$ 的两根的差为( ).
(A) 7　(B) $\dfrac{7}{2}$　(C) 9
(D) $2\sqrt{85}$　(E) $\sqrt{85}$

7. 化简 $(x^{-1} + y^{-1})^{-1}$ 等于( ).
(A) $x + y$　(B) $\dfrac{xy}{x+y}$　(C) xy
(D) $\dfrac{1}{xy}$　(E) $\dfrac{x+y}{xy}$

8. 两全等圆在同平面上,其公切线的数目不可能为( ).
(A) 1　(B) 2　(C) 3
(D) 4　(E) 非上述答案

9. 若 $m = \dfrac{cab}{a-b}$,则 b 等于( ).
(A) $\dfrac{m(a-b)}{ca}$　(B) $\dfrac{cab - ma}{-m}$　(C) $\dfrac{1}{1+c}$
(D) $\dfrac{ma}{m+ca}$　(E) $\dfrac{m+ca}{ma}$

10. 一汽车上山的速率为 10 km/h,下山的速率为 20 km/h,则全程的平均速率为( ).

(A) $12\frac{1}{2}$ km/h (B) $13\frac{1}{3}$ km/h (C) $14\frac{1}{2}$ km/h

(D) 15 km/h   (E) 非上述答案

11. 若 $y = f(x) = \dfrac{x+2}{x-1}$,则不正确的是( ).

(A) $x = \dfrac{y+2}{y-1}$ (B) $f(0) = -2$ (C) $f(1) = 0$

(D) $f(-2) = 0$ (E) $f(y) = x$

12. 无穷等比级数的无穷项的和为 6,前两项的和为 $4\frac{1}{2}$,则此级数的第一项为( ).

(A) 3 或 $1\frac{1}{2}$ (B) 1 (C) $2\frac{1}{2}$

(D) 6 (E) 9 或 3

13. p, q 大于零,函数 $x^2 + px + q$ 存在着极小值是当( ).

(A) $x = -p$ (B) $x = \dfrac{p}{2}$ (C) $x = -2p$

(D) $x = \dfrac{p^2}{4q}$ (E) $x = -\dfrac{p}{2}$

14. 一房子与一店铺各售得 $12 000,已知房子亏价 20%,店铺盈利 20%,那么此交易的结果( ).
(A) 无得失   (B) 赔 $1 000 (C) 赚 $1 000
(D) 赚 $2 000 (E) 非上述答案

15. 一个三角形三边之比为 6:8:9,则( ).
(A) 此三角形是钝角三角形
(B) 三个角所成比例为 6:8:9
(C) 此三角形为锐角三角形
(D) 对最大边的角为对最小边的角的两倍
(E) 非上述答案

2 第二部分

16. 若矩形的底增加 10%,而面积不变时,则其高减少( ).
    (A) 9% (B) 10% (C) 11%
    (D) $11\frac{1}{9}$% (E) $9\frac{1}{11}$%

17. 一商人买入某些物品,按原标价减去 20% 的价格购得,今他欲将此物品售出,欲按定价减去 20% 的折扣卖出,且净利润为售价的 20% 时,则此人所定的价格,必为其原标价的百分比是( ).
    (A) 20% (B) 100% (C) 125%
    (D) 80% (E) 120%

18. $\lg p + \lg q = \lg(p+q)$,仅当( ).
    (A) $p = q = 0$ (B) $p = \dfrac{q^2}{1-q}$ (C) $p = q = 1$
    (D) $p = \dfrac{q}{q-1}$ (E) $p = \dfrac{q}{q+1}$

19. $\triangle ABC$ 的 $\angle B$ 被 BD, BE 所三等分,且各交 AC 于 D, E,则( ).
    (A) $\dfrac{AD}{EC} = \dfrac{AE}{DC}$ (B) $\dfrac{AD}{EC} = \dfrac{AB}{BC}$ (C) $\dfrac{AD}{EC} = \dfrac{BD}{BE}$
    (D) $\dfrac{AD}{EC} = \dfrac{AB \cdot BD}{BE \cdot BC}$ (E) $\dfrac{AD}{EC} = \dfrac{AE \cdot BD}{DC \cdot BE}$

20. 若 $\dfrac{x}{y} = \dfrac{3}{4}$,则下列式子中不正确的为( ).
    (A) $\dfrac{x+y}{y} = \dfrac{7}{4}$ (B) $\dfrac{y}{y-x} = \dfrac{4}{1}$ (C) $\dfrac{x+2y}{x} = \dfrac{11}{3}$

(D) $\dfrac{x}{2y} = \dfrac{3}{8}$ (E) $\dfrac{x-y}{y} = \dfrac{1}{4}$

21. 延伸正 n 边形的边使之形成一星形，则在星形顶点处的角度为（　）.

(A) $\dfrac{360°}{n}$ (B) $\dfrac{(n-4) \cdot 180°}{n}$

(C) $\dfrac{(n-2) \cdot 180°}{n}$ (D) $180° - \dfrac{90°}{n}$

(E) $\dfrac{180°}{n}$

22. 在 Rt$\triangle ABC$ 的斜边 AB 上另作一个 Rt$\triangle ABD$，并以 AB 为斜边. 若 $BC=1$，$AC=b$，且 $AD=2$，则 BD 等于（　）.

(A) $\sqrt{b^2+1}$ (B) $\sqrt{b^2-3}$ (C) $\sqrt{b^2+1}+2$

(D) b^2+5 (E) $\sqrt{b^2+3}$

23. 若 $\dfrac{x^2-bx}{ax-c} = \dfrac{m-1}{m+1}$ 有等值异号的根，则 m 的值应为（　）.

(A) $\dfrac{a-b}{a+b}$ (B) $\dfrac{a+b}{a-b}$ (C) c

(D) $\dfrac{1}{c}$ (E) 1

24. 如图，已知 $\angle C = 90°$，$AD = DB$，$DE \perp AB$，$AB = 20$，$AC = 12$，则四边形 $ADEC$ 的面积为（　）.

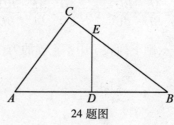

24 题图

(A)75　　(B)58$\frac{1}{2}$　　(C)48

(D)37$\frac{1}{2}$　(E)其他

25. 某火药专家弄一引信,以便试爆在30 s内发生,而他本身以7 m/s的速率跑开,若声速为340 m/s,当此火药专家听闻爆炸声时,约跑了(　　).

(A)200 m　(B)352 m　(C)300 m

(D)214 m　(E)512 m

26. 若$(r+\frac{1}{r})^2=3$,则$r^3+\frac{1}{r^3}$等于(　　).

(A)1　　(B)2　　(C)0

(D)3　　(E)6

27. 一等边三角形的高等于一圆的半径,另一等边三角形内接于此圆,则这两个三角形的周长之比为(　　).

(A)1:2　(B)1:3　(C)1:$\sqrt{3}$

(D)$\sqrt{3}$:2　(E)2:3

28. 如下表所示:

x	1	2	3	4	5
y	3	7	13	21	31

可知x与y的关系式为(　　).

(A)$y=4x-1$

(B)$y=x^3-x^2+x+2$

(C)$y=x^2+x+1$

(D)$y=(x^2+x+1)(x-1)$

(E)非上述答案

29. 已知圆的半径为 5, CD 与 AB 为互相垂直的直径, 一弦 CH 交 AB 于 K, 且长为 8, 而直径 AB 被分成两线段, 其大小各为(　　).

(A)1.25,8.75　(B)2.75,7.25　(C)2,8
(D)4,6　(E)非上述答案

30. 若一等差级数的前十项之和为其前五项之和的四倍, 则第一项与其公差之比为(　　).

(A)1:2　(B)2:1　(C)1:4
(D)4:1　(E)1:1

31. 同平面上任意三点不共线的点有 12 个, 其所决定的直线共有(　　)条.

(A)24　(B)54　(C)120
(D)66　(E)非上述答案

32. 甲走完 30 km 的距离所用的时间比乙少 30 min. 已知甲每小时比乙快 $\frac{1}{3}$ km, 若 x 表示甲每小时所走的路程, 则甲所用的时间为(　　)h.

(A)$\dfrac{x+\dfrac{1}{3}}{30}$　(B)$\dfrac{x-\dfrac{1}{3}}{30}$　(C)$\dfrac{30}{x+\dfrac{1}{3}}$

(D)$\dfrac{30}{x}$　(E)$\dfrac{x}{30}$

33. 一圆与一正方形有相等的周长, 则(　　).

(A)彼此的面积相等
(B)圆的面积较大
(C)正方形的面积较大
(D)圆的面积为正方形面积的 π 倍
(E)非上述答案

34. 一物品的价格增加 $p\%$ 之后,又降价 $p\%$,若最后的价格是 1 元,则原价为( ).

(A) $\dfrac{1-p^2}{200}$　　(B) $\dfrac{\sqrt{1-p^2}}{100}$　　(C) 1

(D) $1-\dfrac{p^2}{10\,000-p^2}$　　(E) $\dfrac{10\,000}{10\,000-p^2}$

35. 有理化分母时, $\dfrac{\sqrt{2}}{\sqrt{2}+\sqrt{3}-\sqrt{5}}$ 相当于( ).

(A) $\dfrac{3+\sqrt{6}+\sqrt{15}}{6}$　　(B) $\dfrac{\sqrt{6}-2+\sqrt{10}}{6}$

(C) $\dfrac{2+\sqrt{6}+\sqrt{10}}{10}$　　(D) $\dfrac{2+\sqrt{6}-\sqrt{10}}{6}$

(E) 非上述答案

3 第三部分

36. 在 $x=-1$ 处连续(即 $x\to -1$),则 $\dfrac{x^3+1}{x^2-1}$ 的值应取为( ).

(A) -2　　(B) 0　　(C) $\dfrac{3}{2}$

(D) ∞　　(E) $-\dfrac{3}{2}$

37. 半径为 8 的圆内有相距为 8 的两相等平行弦,则这两条平行弦间的圆的面积等于( ).

(A) $21\dfrac{1}{3}\pi - 32\sqrt{3}$　　(B) $32\sqrt{3}+21\dfrac{1}{3}\pi$

(C) $32\sqrt{3} + 42\dfrac{2}{3}\pi$ (D) $16\sqrt{3} + 42\dfrac{2}{3}\pi$

(E) $42\dfrac{2}{3}\pi$

38. 一梯形田园的面积为 1 400 m², 高为 50 m. 若两底的长度为整数且可被 8 整除, 求两底. 此问题解的组数为( ).

(A) 0   (B) 1   (C) 2

(D) 3   (E) 多于 3

39. 若一矩形的周长为 p, 其对角线长为 d, 则此矩形的长与宽之间的差为( ).

(A) $\dfrac{\sqrt{8d^2-p^2}}{2}$ (B) $\dfrac{\sqrt{8d^2+p^2}}{2}$ (C) $\dfrac{\sqrt{6d^2-p^2}}{2}$

(D) $\dfrac{\sqrt{6d^2+p^2}}{2}$ (E) $\dfrac{\sqrt{8d^2-p^2}}{4}$

40. 欲画出 $f(x) = ax^2 + bx + c$ 的图形, 需作一表. 对于 x 的值以等间隔的值增加时, 函数的值依次为 3 844, 3 969, 4 096, 4 227, 4 356, 4 489, 4 624 及 4 761, 其中有一个不正确的为( ).

(A) 4 096   (B) 4 356   (C) 4 489

(D) 4 761   (E) 非上述答案

41. 一圆柱的半径增加 6 时, 其体积增加 y, 若高增加 6 时, 其体积亦增加 y, 已知原高为 2, 则原半径长为( ).

(A) 2   (B) 4   (C) 6

(D) 6π (E) 8

42. 设 D 表示一循环小数, 若 P 表示 D 中不重复的 r 位, Q 表示 D 中重复的 s 位时, 则不正确的表示为

( ).

(A) $D = PQQ\cdots$

(B) $10^r D = P.QQQ\cdots$

(C) $10^{r+s} D = PQ.QQQ\cdots$

(D) $10^r(10^s - 1)D = Q(P - 1)$

(E) $10^r \cdot 10^{2s} D = PQQ.QQQ\cdots$

43. 将一圆的直径分为 n 等分,在每一等分上作一半圆,当 n 变成很大时,这些半圆弧的长趋近一长度( ).

(A) 等于原来的圆的周长的一半

(B) 等于原来的圆的直径

(C) 大于原来的圆的直径,而小于原来的圆的周长的一半

(D) 无限大

(E) 大于原来的圆的周长的一半,但为有定限线段

44. 若一整数为两位数,等于其数字和的 k 倍,现在互相交换其数字,则此新数为其原数字和的( ).

(A) $9 - k$ 倍　　(B) $10 - k$ 倍　　(C) $11 - k$ 倍

(D) $k - 1$ 倍　　(E) $k + 1$ 倍

45. 若 a 与 b 表示两个不相等的正数,则( ).

(A) $\dfrac{2ab}{a+b} > \sqrt{ab} > \dfrac{a+b}{2}$

(B) $\sqrt{ab} > \dfrac{2ab}{a+b} > \dfrac{a+b}{2}$

(C) $\dfrac{2ab}{a+b} > \dfrac{a+b}{2} > \sqrt{ab}$

(D) $\dfrac{a+b}{2} > \dfrac{2ab}{a+b} > \sqrt{ab}$

(E) $\dfrac{a+b}{2} > \sqrt{ab} > \dfrac{2ab}{a+b}$

46. 一新矩形的底为一已知矩形的对角线与较大边之和,而高为彼此之差,则此新矩形的面积(　　).

(A)大于已知的矩形面积

(B)等于已知的矩形面积

(C)等于已知矩形较小边为正方形一边的正方形面积

(D)等于已知矩形较大边为正方形一边的正方形面积

(E)等于一矩形的面积,此矩形的长与高是已知矩形的对角线及较短边

47. 在方程组
$$\begin{cases} z^x = y^{2x} \\ 2^z = 2 \times 4^x \\ x + y + z = 16 \end{cases}$$
中,x, y, z 的整数根依次为(　　).

(A)3, 4, 9　　　(B)9, -5, 12　　(C)12, -5, 9

(D)4, 3, 9　　　(E)4, 9, 3

48. 两骑脚踏车者相距 k km,同时出发,若同方向而行时,r h 后并行,若相向而行时,t h 后相遇,则较快者的速率与较慢者的速率之比为(　　).

(A)$\dfrac{r+t}{r-t}$　　(B)$\dfrac{r}{r-t}$　　(C)$\dfrac{r+t}{r}$

(D)$\dfrac{r}{t}$　　(E)$\dfrac{r+k}{t-k}$

49. 如图,CD, AE 与 BF 为 $\triangle ABC$ 的各边长的 $\dfrac{1}{3}$,据此,$AN_2 : N_2N_1 : N_1D = 3 : 3 : 1$,仿此,$BE$ 与 CF 亦然,则 $\triangle N_1N_2N_3$ 的面积等于(　　).

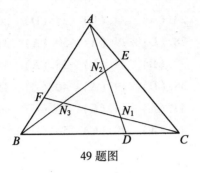

49 题图

(A) $\frac{1}{10}S_{\triangle ABC}$ (B) $\frac{1}{9}S_{\triangle ABC}$ (C) $\frac{1}{7}S_{\triangle ABC}$

(D) $\frac{1}{6}S_{\triangle ABC}$ (E) 非上述答案

50. 一条线起初长为 1,依下列规则增长

$$1+\frac{1}{4}\sqrt{2}+\frac{1}{4}+\frac{1}{16}\sqrt{2}+\frac{1}{16}+\frac{1}{64}\sqrt{2}+\frac{1}{64}+\cdots$$

其中第一项就是起初的长度. 若增长的过程继续不停,则线长的极限为( ).

(A) ∞ (B) $\frac{4}{3}$ (C) $\frac{8}{3}$

(D) $\frac{1}{3}(4+\sqrt{2})$ (E) $\frac{2}{3}(4+\sqrt{2})$

4 答 案

1.(B)　2.(B)　3.(A)　4.(C)　5.(A)　6.(E)
7.(B)　8.(A)　9.(D)　10.(B)　11.(C)
12.(E)　13.(E)　14.(B)　15.(C)　16.(E)
17.(C)　18.(D)　19.(D)　20.(E)　21.(B)

22.(B) 23.(A) 24.(B) 25.(D) 26.(C)
27.(E) 28.(C) 29.(A) 30.(A) 31.(D)
32.(D) 33.(B) 34.(E) 35.(A) 36.(E)
37.(B) 38.(D) 39.(A) 40.(E) 41.(C)
42.(D) 43.(A) 44.(C) 45.(E) 46.(C)
47.(D) 48.(A) 49.(C) 50.(D)

5 1952年试题解答

1. 设此圆的半径为 r,且是一有理数,故 r^2 亦为有理数,则此圆的面积为 πr^2. 因为 π 是无理数,故此圆的面积为一无理数.
答案:(B).

2. 平均分数为 $\dfrac{20 \times 80 + 30 \times 70}{20 + 30} = \dfrac{1\,600 + 2\,100}{50} = 74.$
答案:(B).

3. 可知
$$a^3 - a^{-3} = (a - a^{-1})[a^2 + aa^{-1} + (a^{-1})^2]$$
$$= \left(a - \frac{1}{a}\right)\left(a^2 + 1 + \frac{1}{a^2}\right)$$
答案:(A).

4. 1 kg 包裹所需费用为 1 元,则其他 $(p-1)$ kg,每千克所需费用为 0.3 元. 所以
$$C = 1 + (p-1)0.3(元) = 10 + 3(p-1)(角)$$
答案:(C).

5. 两点直线式为

$$\frac{y-12}{x-6} = \frac{12-(-6)}{6-0} = 3$$

所以
$$y = 3x - 6 = 3(x-2)$$

可见(3,3)满足以上方程式,故(3,3)与(6,12),(0,-6)共线.

答案:(A).

6. $x^2 - 7x - 9 = 0$ 的根为
$$x = \frac{7 \pm \sqrt{7^2 \pm 4 \times 9}}{2} = \frac{7 \pm \sqrt{85}}{2}$$

所以
$$|x_1 - x_2| = \left| \frac{7+\sqrt{85}}{2} - \frac{7-\sqrt{85}}{2} \right| = \sqrt{85}$$

答案:(E).

7. 可知
$$(x^{-1} + y^{-1})^{-1} = \left(\frac{1}{x} + \frac{1}{y}\right)^{-1}$$
$$= \left(\frac{x+y}{xy}\right)^{-1} = \frac{xy}{x+y}$$

答案:(B).

8. 如图所示,两全等圆在同一平面上,可分三类,但不能相内切及相含(均重合成一圆).

答案:(A).

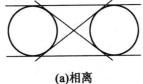

(a)相离

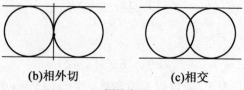

(b)相外切　　　(c)相交

8题答案图

9. 因为 $ma - mb = cab$, $ma = b(m+ca)$, 所以 $b = \dfrac{ma}{m+ca}$.

答案:(D).

10. 设所行距离均为 d km, 则上山历时 $\dfrac{d}{10}$ h, 下山历时 $\dfrac{d}{20}$ h, 故全程平均速率为

$$\dfrac{2d}{\dfrac{d}{10}+\dfrac{d}{20}} = \dfrac{1\times 2}{\dfrac{1}{10}+\dfrac{1}{20}} = \dfrac{400}{30} = 13\dfrac{1}{3}(\text{km/h})$$

答案:(B).

11. $y = \dfrac{x+2}{x-1}$ 的分母不可为零, 即 $x \neq 1$.

答案:(C).

12. 设此级数的首项为 a, 公比为 r, 但 $-1 < r < 1$, 则

$$\dfrac{a}{1-r} = 6, \quad a + ar = 4\dfrac{1}{2}$$

即

$$a = 6(1-r)$$
$$a(1+r) = \dfrac{9}{2}$$

两边相除($a \neq 0$)得

$$\dfrac{1}{1+r} = \dfrac{4(1-r)}{3}$$

所以
$$4(1-r)(1+r)=3$$
$$4-4r^2=3$$

所以 $4r^2=1$，所以 $r=\pm\dfrac{1}{2}$，所以 $a=3$ 或 9.

答案：(E).

13. 可知当 $x=-\dfrac{p}{2}$，x^2+px+q 有极小值，且为 $\dfrac{p^2-4q}{4}$.

答案：(E).

14. 设房子的原价为 H，店铺原价为 S，则
$$12\,000 = H - 20\%H$$
$$12\,000 = S + 20\%S$$
所以
$$H = 15\,000$$
$$S = 10\,000$$
所以
$$H + S = 25\,000$$
今实收入为
$$12\,000 \times 2 = 24\,000$$
故知亏了
$$25\,000 - 24\,000 = 1\,000$$

答案：(B).

15. $6^2+8^2=100>9^2$，此三角形不可能有一钝角，故是锐角三角形.

答案：(C).

16. 设底为 b，高为 h，高减少 $x\%$，有
$$bh = (1+10\%)b \cdot (1-x\%)h$$
所以
$$(1+10\%)(1-x\%)=1$$

$$1 - x\% = \frac{1}{1 + 10\%}$$

所以 $x\% = 9\frac{1}{11}\%$.

答案:(E).

17. 由题意有

$$C = L - \frac{1}{5}L, \ S = C + P, \ P = \frac{1}{5}S, \ S = M - \frac{1}{5}M$$

其中,C 表示此商人付出的钱(或称买价),L 表示原标价,S 表示卖价,P 表示净利润,M 表示新定价.

于是得 $\frac{4}{5}M = L$,所以 $M = \frac{5}{4}L$,所以 $M = 125\%L$.

答案:(C).

18. 因为

$$\lg p + \lg q = \lg(p + q)$$
$$\lg pq = \lg p + \lg q$$

所以

$$pq = p + q$$
$$p(q - 1) = q$$

所以

$$p = \frac{q}{q - 1} \ (q \neq 1)$$

答案:(D).

19. 由角平分线内分成比例线段定理知:

如图,因 BD 平分 $\angle ABE$,所以 $\frac{AD}{DE} = \frac{AB}{BE}$,所以

$$AD = \frac{AB \cdot DE}{BE}$$

因 BE 平分 $\angle DBC$,所以

$$\frac{DE}{CE} = \frac{BD}{BC}, CE = \frac{DE \cdot BC}{BD}$$

所以 $\dfrac{AD}{EC} = \dfrac{\dfrac{AB \cdot DE}{BE}}{\dfrac{DE \cdot BC}{BD}} = \dfrac{AB \cdot BD}{BC \cdot BE}$

答案：(D)．

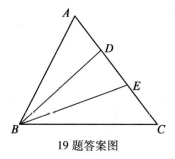

19 题答案图

20. 因为

$$\frac{x}{y} = \frac{3}{4}$$

所以 $\dfrac{x-y}{y} = \dfrac{3-4}{4} = -\dfrac{1}{4}$

答案：(E)．

21. 因为是一正 n 边形（$n>4$），故每一角为 $\dfrac{(n-2)\cdot 180°}{n}$．当成为星形时,每一星形的顶点组成一等腰三角形以正 n 边形的一角的补角为底角之一，即 $180° - \dfrac{(n-2)\cdot 180°}{n}$，故星形的顶角为

$$180° - 2\left[180° - \frac{(n-2)\cdot 180°}{n}\right]$$

$$= \frac{2(n-2)\cdot 180°}{n} - 180°$$

$$= \frac{2n-4-n}{n} \cdot 180°$$

$$= \frac{n-4}{n} \cdot 180°$$

答案:(B).

22. 如图,设 $BD = x$,则 $x^2 + 2^2 = AB^2 = 1^2 + b^2$.

所以 $x^2 = b^2 - 3$,所以 $x = \sqrt{b^2 - 3}$.

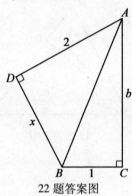

22 题答案图

答案:(B).

23. $\frac{x^2-bx}{ax-c} = \frac{m-1}{m+1}$,若 $ax - c \neq 0$ 时,有

$$(x^2 - bx)(m+1) = (m-1)(ax-c)$$

$$(m+1)x^2 - [a(m-1) + b(m+1)]x + c(m-1) = 0$$

有等值异号的根时 $m + 1 \neq 0$,且

$$a(m-1) + b(m+1) = 0$$

所以 $(a+b)m = a - b$,所以 $m = \frac{a-b}{a+b} (a + b \neq 0)$.

答案:(A).

24. 因为

$$\triangle BDE \sim \triangle BCA$$

所以 $$\frac{S_{\triangle BDE}}{S_{\triangle BCA}} = \frac{BD^2}{BC^2}$$

其中 $BC^2 = AB^2 - AC^2 = 20^2 - 12^2 = 16^2$

而 $BD = \frac{1}{2}AB = 10$,所以

$$S_{\triangle BDE} = \frac{10^2}{16^2} S_{\triangle BCA}$$

所以

$$S_{\text{四边形}ADEC} = S_{\triangle BCA} - S_{\triangle BDE} = (1 - \frac{10^2}{16^2}) \cdot S_{\triangle BCA}$$

$$= \frac{26 \times 6}{16^2}(\frac{AC \cdot BC}{2}) = \frac{26 \times 3}{16^2} \times (12 \times 16)$$

$$= \frac{13 \times 9}{2} = \frac{117}{2} = 58\frac{1}{2}$$

答案:(B).

25. 声速为 340 m/s,设此火药专家约跑 x m,则

$$x = 7 \times 30 + \frac{x}{340} \times 7$$

$$x \approx 214(\text{m})$$

答案:(D).

26. 可知

$$r^3 + \frac{1}{r^3} = (r + \frac{1}{r})(r^2 - 1 + \frac{1}{r^2})$$

又

$$(r + \frac{1}{r})^2 = 3$$

$$r^2 + 2 + \frac{1}{r^2} = 3$$

所以 $$r^2 + \frac{1}{r^2} = 1$$

即 $$r^2 - 1 + \frac{1}{r^2} = 0$$

所以 $$r^3 + \frac{1}{r^3} = (r + \frac{1}{r}) \cdot 0 = 0$$

答案:(C).

27. 如图所示,两个正三角形的周长之比等于两个正三角形的高之比,即 $r : \frac{3}{2}r = 2 : 3$.(因 O 为内接于圆的正三角形的重心)

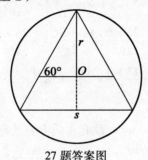

27题答案图

答案:(E).

28. 由于 y 值之间的差为 4,6,8 及 10,可见为二阶等差级数,即 $y = ax^2 + bx + c$ 之型,故可排除(A),(B)两项.又由 $x = 1, y = 3$,可知(D)不符合.

答案:(C).

29. 如图,设 $AK = x$,则
$$KB = 10 - x (AB = 10), OK = 5 - x$$
所以
$$CK = \sqrt{CO^2 + OK^2} = \sqrt{5^2 + (5-x)^2}$$
所以
$$HK = 8 - CK = 8 - \sqrt{5^2 + (5-x)^2}$$

第3章 1952年试题

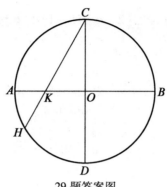

29题答案图

由 $\triangle AKH \backsim \triangle CKB$(圆幂定理),所以
$$CK \cdot HK = AK \cdot BK$$
即
$$\sqrt{5^2+(5-x)^2} \cdot [8-\sqrt{5^2+(5-x)^2}] = x \cdot (10-x)$$
化简之
$$8\sqrt{5^2+(5-x)^2} - [5^2+(5-x)^2] = 10x - x^2$$
$$8\sqrt{50-10x+x^2} = 50$$
所以
$$64(50-10x+x^2) = 2\,500$$
$$16x^2 - 160x + 175 = 0$$
$$(4x-5)(4x-35) = 0$$
所以 $x = \dfrac{5}{4}$ 或 $x = \dfrac{35}{4}$,但 $x = \dfrac{35}{4}$ 不符合,因 $0 < x < 10$.

答案:(A).

30. 设首项为 a,公差为 d,则
$$S_{10} = \dfrac{10}{2}[2 \cdot a + (10-1)d] = 10a + 45d$$

$$S_5 = \frac{5}{2}[2 \cdot a + (5-1)d] = 5a + 10d$$

已知
$$S_{10} = 4 \cdot S_5$$
$$10a + 45d = 4(5a + 10d)$$
$$5d = 10a$$

所以
$$\frac{a}{d} = \frac{5}{10} = \frac{1}{2}$$

答案:(A).

31. $C_{12}^2 = \dfrac{12 \times (12-1)}{2!} = 66.$

答案:(D).

32. 设甲所用的时间为 t h,则 $\dfrac{30}{t} = x$,所以 $t = \dfrac{30}{x}$(h).

答案:(D).

33. 设周长同以 C 表示,且设圆的半径为 r,正方形的边长为 a,则
$$C = 2\pi r, C = 4a$$

所以
$$r = \frac{C}{2\pi}, a = \frac{C}{4}$$

所以
$$\pi r^2 = \pi \cdot (\frac{C}{2\pi})^2 = \frac{C^2}{4\pi}$$
$$a^2 = (\frac{C}{4})^2 = \frac{C^2}{16}$$

因为 $\pi < 4$,所以 $4\pi < 16$,所以 $\dfrac{C^2}{4\pi} > \dfrac{C^2}{16}.$

答案:(B).

34. 设原价为 x 元,则

$$[x(1+p\%)](1-p\%)=1$$

所以
$$x=\frac{10\ 000}{10\ 000-p^2}$$

答案：(E)．

35. 可知
$$\frac{\sqrt{2}}{\sqrt{2}+\sqrt{3}-\sqrt{5}}=\frac{\sqrt{2}(\sqrt{2}+\sqrt{3}+\sqrt{5})}{(\sqrt{2}+\sqrt{3}-\sqrt{5})(\sqrt{2}+\sqrt{3}+\sqrt{5})}$$
$$=\frac{2+\sqrt{6}+\sqrt{10}}{(\sqrt{2}+\sqrt{3})^2-5}=\frac{2+\sqrt{6}+\sqrt{10}}{2\sqrt{6}}$$
$$=\frac{\sqrt{6}(2+\sqrt{6}+\sqrt{10})}{12}=\frac{2\sqrt{6}+6+\sqrt{60}}{12}$$
$$=\frac{\sqrt{6}+3+\sqrt{15}}{6}$$

答案：(A)．

36. 由定义
$$\lim_{x\to-1}\frac{x^3+1}{x^2-1}=\lim_{x\to-1}\frac{(x+1)(x^2-x+1)}{(x+1)(x-1)}$$
$$=\lim_{x\to-1}\frac{x^2-x+1}{x-1}=\frac{3}{-2}=-\frac{3}{2}$$

答案：(E)．

37. 如图所示，可知
$$T=(4\times 4\sqrt{3})\times\frac{1}{2}=8\sqrt{3}$$
$$S=(\pi\times 8^2)\times\frac{30}{360}=\frac{16}{3}\pi$$

所以
$$T+S=8\sqrt{3}+\frac{16}{3}\pi$$

$4(T+S)$ 即是所要求的面积．

37题答案图

答案:(B).

38. 设 $8a, 8b$ 表示两底(其中 a,b 是正整数),则由面积公式知
$$1400 = \frac{1}{2} \times 50 \times (8a+8b)$$

所以 $\qquad a+b=7$

因为 a,b 为正整数,故有 $1,6;2,5;3,4$ 三组解.

答案:(D).

39. 设长为 x,宽为 y,且 $x>y$,则 $2(x+y)=p$,所以

$$x+y = \frac{p}{2} \qquad \text{①}$$
$$x^2+y^2 = d^2 \qquad \text{②}$$

①^2－②得

$$2xy = \frac{p^2}{4} - d^2 \qquad \text{③}$$

①^2－③×2 得

$$(x-y)^2 = 2d^2 - \frac{p^2}{4}$$

所以 $\qquad x-y = \sqrt{\dfrac{8d^2-p^2}{4}}$

答案:(A).

40. 设 x 的值以 h 的等间隔而增加,则函数的值依次为
$$f(x), f(x+h), f(x+2h), \cdots, f(x+7h)$$
而
$$f(x+h) - f(x) = a(x+h)^2 + b(x+h) + c - (ax^2 + bx + c)$$
所以
$$f(x+h) - f(x) = 2ahx + ah^2 + bh$$
由于函数的值的差为 x 的一次式,可见值的增加与 x 的值成比例. 即若 x 依次增加 h 时,函数值的差亦依次以同量 $2ah^2$ 增加,但其所列之值

3 844,3 969,4 096,4 227,4 356,4 489,4 624,4 761

的差分别为

125,127,131,129,133,135,137

可见 4 227 是错的,因 4 227 的存在,致使无法以同量增加,应为 4 225.

答案:(E).

41. 因为
$$V + y = \pi(r+6)^2 h = \pi r^2 (h+6)$$
$$(r+6)^2 \cdot 2 = r^2 \cdot 8$$
$$3r^2 - 12r - 36 = 0$$
所以 $r = 6$

答案:(C).

42. 由
$$D = 0. PQQ = 0. a_1 \cdots a_r b_1 \cdots b_s b_1 \cdots b_s \cdots$$
可见(A),(B),(C),(E)均正确,那么(D)呢?
验证看看
$$左 = 10^r(10^s - 1)D = 10^{r+s}D - 10^r D =$$

$$PQ.QQ\cdots -P.Q\cdots =P(Q-1)\neq Q(P-1)=右$$
答案:(D).

43. 设此圆的直径为 D, n 等分之,则每份为 $\dfrac{D}{n}$, 各半圆弧长为 $\dfrac{\pi\cdot\dfrac{D}{n}}{2}$, 故共长 $\dfrac{\pi\cdot\dfrac{D}{n}}{2}\cdot n=\dfrac{\pi\cdot D}{2}$ 为原来圆的周长的一半.

答案:(A).

44. 设两位数的数字以 u,v 表示,则
$$10u+v=k(u+v) \qquad ①$$
今令互相交换其数字后的新数为其数字和的 x 倍,则
$$10v+u=x(v+u) \qquad ②$$
① + ② 得
$$11(v+u)=(k+x)(v+u)$$
所以 $11=k+x$, 所以 $x=11-k$.

答案:(C).

45. 因算术平均大于几何平均大于调和平均.

答案:(E).

46. 设原矩形的对角线长为 l, 大边长 b, 则新矩形的面积为 $(l+b)(l-b)=l^2-b^2$, 且为原矩形的小边长的平方.

答案:(C).

47. 可知
$$\begin{cases} z^x=y^{2x} & ① \\ 2^z=2\times 4^x & ② \\ x+y+z=16 & ③ \end{cases}$$

由①知 $z^x=(y^2)^x$, 所以

$$z = y^2 \qquad ④$$

由②知 $2^z = 2^1 \times 2^{2x} = 2^{2x+1}$，所以

$$z = 2x + 1 \qquad ⑤$$

所以

$$x = \frac{z-1}{2} = \frac{y^2-1}{2}$$

代入③得

$$\frac{y^2-1}{2} + y + y^2 = 16$$

$$3y^2 + 2y - 33 = 0$$

所以 y 只有整数根 3.

所以 $x = 4, y = 3, z = 9$.

答案：(D).

48. 设速率各为 x, y，且 $x > y$，则

$$(x-y) \cdot r = k, \quad (x+y) \cdot t = k$$

相除 $\dfrac{x-y}{x+y} = \dfrac{t}{r}$，所以 $\dfrac{x}{y} = \dfrac{r+t}{r-t}$.

答案：(A).

49. 因为

$$CD = \frac{1}{3}BC$$

所以

$$S_{\triangle ACD} = \frac{1}{3}S_{\triangle ABC}$$

因为

$$AN_2 : N_2N_1 : N_1D = 3:3:1$$

所以

$$N_1D = \frac{1}{7}AD$$

所以
$$S_{\triangle CDN_1} = \frac{1}{7} S_{\triangle ACD} = \frac{1}{7} \cdot \frac{1}{3} S_{\triangle ABC}$$

同理
$$S_{\triangle AEN_2} = \frac{1}{21} S_{\triangle ABC}$$

$$S_{\triangle BFN_3} = \frac{1}{21} S_{\triangle ABC}$$

$$\begin{aligned}
S_{\triangle N_1 N_2 N_3} &= S_{\triangle ABC} - (S_{\triangle ACD} + S_{\triangle ABE} + S_{\triangle CBF}) + \\
&\quad S_{\triangle CDN_1} + S_{\triangle AEN_2} + S_{\triangle BFN_3} \\
&= S_{\triangle ABC} - \frac{1}{3}(S_{\triangle ABC} + S_{\triangle ABC} + S_{\triangle ABC}) + \\
&\quad \frac{1}{21}(S_{\triangle ABC} + S_{\triangle ABC} + S_{\triangle ABC}) \\
&= \frac{1}{21} \cdot 3 S_{\triangle ABC} \\
&= \frac{1}{7} S_{\triangle ABC}
\end{aligned}$$

答案:(C).

50. 有
$$1 + \frac{1}{4}\sqrt{2} + \frac{1}{4} + \frac{1}{16}\sqrt{2} + \frac{1}{16} + \frac{1}{64}\sqrt{2} + \frac{1}{64} + \cdots$$
$$= 1 + \frac{1}{4}(\sqrt{2}+1) + \frac{1}{16}(\sqrt{2}+1) + \frac{1}{64}(\sqrt{2}+1) + \cdots$$
$$= 1 + \frac{\frac{1}{4}(\sqrt{2}+1)}{1 - \frac{1}{4}} = \frac{4+\sqrt{2}}{3}$$

答案:(D).

1953 年试题

第 4 章

1　第一部分

1. 橙子的价格为每三个 $0.10, 今欲以每五个 $0.20 的价格卖出,预期获得 $1.00 的纯利,则必须卖( ).
   (A)67 个　(B)150 个　(C)200 个
   (D)无穷多个　(E)非上述答案

2. 一电冰箱按价 $250.00 连减 20% 及 15% 的折扣售出,则此电冰箱的售价为( ).
   (A)比 $250.00 少 35%
   (B) $250.00 的 65%
   (C) $250.00 的 77%
   (D) $250.00 的 68%
   (E)非上述答案

3. $x^2 + y^2$ 的因式为( ).
   (A) $(x+y)(x-y)$
   (B) $(x+y)^2$
   (C) $(x^{\frac{2}{3}}+y^{\frac{2}{3}})(x^{\frac{4}{3}}+y^{\frac{4}{3}})$
   (D) $(x+iy)(x-iy)$
   (E)非上述答案

4. $x(x^2+8x+16)(4-x)=0$ 的根为( ).
   (A) 0 (B) 0, 4
   (C) 0, 4, -4 (D) 0, 4, -4, -4
   (E) 非上述答案

5. 若 $\log_6 x = 2.5$, 则 x 的值为( ).
   (A) 90 (B) 36 (C) $36\sqrt{6}$ (D) 0.5
   (E) 非上述答案

6. 某甲有钱 $(5q+1)$ quarters, 某乙也有钱 $(q+5)$ quarters, 他们之间的钱相差的 dimes 数为( ).
   (1 quarter = 2.5 dimes)

   (A) $10(q-1)$ (B) $\dfrac{2}{5}(4q-4)$

   (C) $\dfrac{2}{5}(q-1)$ (D) $\dfrac{5}{2}(q-1)$

   (E) 非上述答案

7. 分式 $\dfrac{\sqrt{a^2+x^2} - \dfrac{x^2-a^2}{\sqrt{a^2+x^2}}}{a^2+x^2}$ 化简为( ).

   (A) 0 (B) $\dfrac{2a^2}{a^2+x^2}$

   (C) $\dfrac{2x^2}{(a^2+x^2)^{\frac{3}{2}}}$ (D) $\dfrac{2a^2}{(a^2+x^2)^{\frac{3}{2}}}$

   (E) $\dfrac{2x^2}{a^2+x^2}$

8. $\begin{cases} y = \dfrac{8}{x^2+4} \\ x+y = 2 \end{cases}$ 的交点的 x 值为( ).

   (A) $-2+\sqrt{5}$ (B) $-2-\sqrt{5}$
   (C) 0 (D) 2

(E)非上述答案

9. 欲使 9 mL 的溶液所含 50% 的酒精变成只含 30% 时,需加水为( )mL.
   (A)3　(B)4　(C)5　(D)6
   (E)7

10. 一轮有固定中心及外直径 2 m,欲使外缘上一点走 1 km 时,此轮旋转的次数是( ).
    (A)500　(B)$\dfrac{250}{\pi}$　(C)$\dfrac{500}{\pi}$　(D)250π
    (E)非上述答案

11. 一跑道是由两同心圆形成的环,有 10 m 宽,则两同心圆的周长相差约为( ).
    (A)10 m　(B)30 m　(C)60 m　(D)100 m
    (E)非上述答案

12. 两圆的直径各为 8 与 12,则小圆与大圆的面积之比为( ).
    (A)$\dfrac{2}{3}$　(B)$\dfrac{4}{9}$　(C)$\dfrac{9}{4}$　(D)$\dfrac{1}{2}$
    (E)非上述答案

13. 一个三角形与一个梯形面积相等且有等高,若三角形的底长为 18,则梯形的中线长为( ).
    (A)36　(B)9　(C)18
    (D)从这些数据无法求得
    (E)非上述答案

14. 已知大圆的中心为 P,半径为 p,而小圆的中心为 Q,半径为 q,联结 PQ,下列叙述中错误的是( ).
    (A)$p-q$ 等于 PQ　　(B)$p+q$ 等于 PQ
    (C)$p+q$ 小于 PQ　　(D)$p-q$ 小于 PQ

(E) 非上述答案

15. 自一方块中挖出一最大金属圆块,然后又自此圆块挖出一最大方块来,则浪费掉的全部金属的面积为( ).

(A) 原方块面积的 $\frac{1}{4}$

(B) 原方块面积的 $\frac{1}{2}$

(C) 圆块面积的 $\frac{1}{2}$ (D) 圆块面积的 $\frac{1}{4}$

(E) 非上述答案

2 第二部分

16. 某甲想从物品的售价上得利 10%,且他的消费为售卖的 15%,此物品以 \$5.00 售出时,其补偿率为( ).

(A) 20% (B) 25%   (C) 30%   (D) $33\frac{1}{3}$%

(E) 35%

17. 某甲取 \$4 500 的一部分以 4% 放利,其余的以 6% 放利,若各放利每年的利息相同时,那么,他对 \$4 500 的储蓄的平均利率是( ).
    (A) 5%   (B) 4.8%   (C) 5.2%   (D) 4.6%
    (E) 非上述答案

18. x^4+4 的因式之一为( ).
    (A) x^2+2 (B) $x+1$
    (C) x^2-2x+2 (D) x^2-4

(E)非上述答案

19. 在 xy^2 中,x 与 y 的值各减小 25%,则此式的值( ).

(A)减小 50% (B)减小 75%

(C)减小其值的 $\dfrac{37}{64}$ (D)减小其值的 $\dfrac{27}{64}$

(E)非上述答案

20. 若 $y = x + \dfrac{1}{x}$,则 $x^4 + x^3 - 4x^2 + x + 1 = 0$ 变成( ).

(A)$x^2(y^2 + y - 2) = 0$ (B)$x^2(y^2 + y - 3) = 0$

(C)$x^2(y^2 + y - 4) = 0$ (D)$x^2(y^2 + y - 6) = 0$

(E)非上述答案

21. 若 $\lg(x^2 - 3x + 6) = 1$,则 x 的值为( ).

(A)10 或 2 (B)4 或 -2

(C)3 或 -1 (D)4 或 -1

(E)非上述答案

22. $27 \times \sqrt[4]{9} \times \sqrt[3]{9}$ 以 3 为底的对数为( ).

(A)$8\dfrac{1}{2}$ (B)$4\dfrac{1}{6}$ (C)5 (D)3

(E)非上述答案

23. 方程式 $\sqrt{x+10} - \dfrac{6}{\sqrt{x+10}} = 5$ 有( ).

(A)一增根介于 -5 与 -1 之间

(B)一增根介于 -10 与 -6 之间

(C)一解介于 20 与 25 之间

(D)两解 (E)两增根

24. 若 a,b 与 c 为小于 10 的正整数,欲使 $(10a + b) \cdot (10a + c)$ 等于 $100a(a+1) + bc$,则必有( ).

(A)$b+c=10$ (B)$b=c$
(C)$a+b=10$ (D)$a=b$
(E)$a+b+c=10$

25. 一等比级数,已知各项均正,且任何项均等于其后两项之和,则其公比为( ).

(A)1   (B)约$\frac{\sqrt{5}}{2}$ (C)$\frac{\sqrt{5}-1}{2}$ (D)$\frac{1-\sqrt{5}}{2}$

(E)$\frac{2}{\sqrt{5}}$

26. 一个三角形的底为15,作两平行于底的直线止于三角形的另两边而分此三角形成相等的面积,则靠近底边的平行线长为( ).

(A)$5\sqrt{6}$ (B)10
(C)$4\sqrt{3}$ (D)7.5
(E)非上述答案

27. 第一个圆的半径为1,第二个圆的半径为$\frac{1}{2}$,第三个圆的半径为$\frac{1}{4}$,如此以至无穷,这些圆的面积之和为( ).

(A)$\frac{3\pi}{4}$ (B)1.3π (C)2π (D)$\frac{4\pi}{3}$

(E)非上述答案

28. 在$\triangle ABC$中,边长为a,b与c的对角分别为$\angle A$,$\angle B$与$\angle C$,AD平分$\angle A$,交BC于D. 若$x=CD,y=BD$,则正确的比例式是( ).

(A)$\frac{x}{a}=\frac{a}{b+c}$ (B)$\frac{x}{b}=\frac{a}{a+c}$

(C) $\dfrac{y}{c} = \dfrac{c}{b+c}$ (D) $\dfrac{y}{c} = \dfrac{a}{b+c}$

(E) $\dfrac{x}{y} = \dfrac{c}{b}$

29. 测量一正方形的一边,由此计算得其面积为 1.102 5 cm²,其至接近于一万分之一平方厘米的有效数字为( ).
(A)2 (B)3 (C)4 (D)5
(E)1

30. 一房子价值$9 000,自甲售给乙时,损失10%的利润. 乙将房子又售回甲,得到10%的利润,则这两次交易的结果为( ).
(A)甲得失相抵 (B)乙赚$900
(C)甲赔$900 (D)甲赔$810
(E)乙赚$1 710

31. 火车道上的铁轨每节长8 m,当火车跨过铁轨相接处时,常有一可闻的响声发出. 若火车的速率每小时千米计时,则频频的响声约隔( ).
(A)28.8 s (B)2 min
(C)1.5 min (D)5 min
(E)非上述答案

32. 将一矩形的每一角三等分,连接靠近同一边上的两三等分线所交成的四点形成( ).
(A)一正方形 (B)一矩形
(C)一不等边的平行四边形
(D)一菱形 (E)一任意四边形

33. 一等腰直角三角形的周长为$2p$,其面积为( ).
(A)$(2+\sqrt{2})p$ (B)$(2-\sqrt{2})p$

(C) $(3-2\sqrt{2})p^2$ (D) $(1-2\sqrt{2})p^2$
(E) $(3+2\sqrt{2})p^2$

34. 若一个三角形的一边长为12,对角为30°,则外接圆的直径为(　　).
    (A)18　(B)30　(C)24　(D)20
    (E)非上述答案

35. 若 $f(x)=\dfrac{x(x-1)}{2}$,则 $f(x+2)$ 等于(　　).
    (A) $f(x)+f(2)$　　(B) $(x+2)f(x)$
    (C) $x(x+2)f(x)$　(D) $\dfrac{xf(x)}{x+2}$
    (E) $\dfrac{(x+2)f(x+1)}{x}$

3 第三部分

36. 若 $4x^2-6x+m$ 可以被 $x-3$ 整除,试确定 m,所得的 m 值恰为(　　).
    (A)12 的因数　　(B)20 的因数
    (C)36 的因数　　(D)48 的因数
    (E)64 的因数

37. 一等腰三角形的底长为6,其一腰长为12,则过此三角形的三个顶点的圆,其半径为(　　).
    (A) $\dfrac{7\sqrt{15}}{5}$　(B) $4\sqrt{3}$　(C) $3\sqrt{5}$　(D) $6\sqrt{3}$
    (E)非上述答案

38. 若 $f(a)=a-2$ 且 $F(a,b)=b^2+a$,则 $F[3,f(4)]$

的值为(　　).

(A)a^2-4a+7　　(B)28　　(C)7

(D)8　(E)11

39. $\log_a b \cdot \log_b a$ 等于(　　).

(A)1　(B)a　(C)b　(D)ab

(E)非上述答案

40. 叙述"所有的人都是诚实的"的否命题是(　　).

(A)没有人是诚实的

(B)所有的人是不诚实的

(C)某些人是不诚实的

(D)没有人是不诚实的

(E)某些人是诚实的

41. 一女子营房坐落在距某直路300 m处.一男子营房坐落在此直路上,但距女子营房500 m处,今欲在此直路上建一餐厅,距各营房等距,则此距离应为(　　).

(A)400 m　　(B)250 m

(C)87.5 m　　(D)200 m

(E)非上述答案

42. 两圆心相距为41,且半径各为4及5,则两圆的内公切线长为(　　).

(A)41　(B)39　(C)39.8　(D)40.1

(E)40

43. 若一物品的标价比成本提高$p\%$,然后,为了要得回本钱,卖价的折扣不可超过$d\%$,则$d\%$的比值为(　　).

(A)$\dfrac{1}{1+p\%}$　　(B)$\dfrac{1}{1-p\%}$　　(C)$\dfrac{p\%}{1+p\%}$

(D) $\dfrac{p\%}{p\%-1}$ (E) $\dfrac{1-p\%}{1+p\%}$

44. 在解答某问题时,学生甲化简某二次方程式时弄错了方程式的常数项,因而得该方程式的两根为8与2.学生乙弄错了方程式的一次项系数,因而得该方程式的两根为 -9 与 -1. 请判断正确的方程式为( ).

(A) $x^2 - 10x + 9 = 0$ (B) $x^2 + 10x + 9 = 0$
(C) $x^2 - 10x + 16 = 0$ (D) $x^2 - 8x - 9 = 0$
(E) 非上述答案

45. 两线段的长各为 a 与 b,则它们之间的正确关系为( ).

(A) $\dfrac{a+b}{2} > \sqrt{ab}$ (B) $\dfrac{a+b}{2} < \sqrt{ab}$

(C) $\dfrac{a+b}{2} = \sqrt{ab}$ (D) $\dfrac{a+b}{2} \leqslant \sqrt{ab}$

(E) $\dfrac{a+b}{2} \geqslant \sqrt{ab}$

46. 一人不绕矩形农场的两邻边走,而取捷径沿农场的对角线走,如此省去了 $\dfrac{1}{2}$ 矩形长边的距离.那么,短边对长边之比为( ).

(A) $\dfrac{1}{2}$ (B) $\dfrac{2}{3}$ (C) $\dfrac{1}{4}$ (D) $\dfrac{3}{4}$

(E) $\dfrac{2}{5}$

47. 若 x 大于零,则正确的关系为( ).

(A) $\lg(1+x) = \dfrac{x}{1+x}$ (B) $\lg(1+x) < \dfrac{x}{1+x}$

(C) $\lg(1+x) > x$ (D) $\lg(1+x) < x$

(E)非上述答案

48. 若等腰梯形的较长的底边等于对角线,而较短的底边等于高,则较短的底边对较长的底边之比为( ).

(A)$\frac{1}{2}$ (B)$\frac{2}{3}$ (C)$\frac{3}{4}$ (D)$\frac{3}{5}$

(E)$\frac{2}{5}$

49. A,B 与 C 的坐标各为 $(5,5),(2,1)$ 与 $(0,k)$,欲使 $AC+BC$ 尽可能的小时,k 的值为( ).

(A)3 (B)$4\frac{1}{2}$ (C)$3\frac{6}{7}$ (D)$4\frac{5}{6}$

(E)$2\frac{1}{7}$

50. 一个三角形的一边被其内切圆的切点分为两线段各长 6 及 8,若此圆的半径为 4,则此三角形的最短边长为( ).

(A)12 (B)13 (C)14 (D)15

(E)16

4 答 案

1.(B) 2.(D) 3.(D) 4.(D) 5.(C) 6.(A)
7.(D) 8.(C) 9.(D) 10.(C) 11.(C)
12.(B) 13.(B) 14.(E) 15.(B) 16.(D)
17.(B) 18.(C) 19.(C) 20.(D) 21.(D)
22.(B) 23.(B) 24.(A) 25.(C) 26.(A)
27.(D) 28.(D) 29.(D) 30.(D) 31.(A)

32.(D)　33.(C)　34.(C)　35.(E)　36.(C)
37.(E)　38.(C)　39.(A)　40.(C)　41.(E)
42.(E)　43.(C)　44.(A)　45.(E)　46.(D)
47.(D)　48.(D)　49.(E)　50.(B)

5　1953 年试题解答

1. 每个橙子获利为
$$\frac{\frac{2}{10}}{5}-\frac{\frac{1}{10}}{3}=\frac{1}{150}$$
设一共卖出 n 个,则
$$\frac{1}{150}\cdot n=1$$
所以 $n=150$(个).
答案:(B).

2. 由题意知
$$[250\times(1-20\%)](1-15\%)=250\times68\%$$
答案:(D).

3. 由题意知
$$(x+\mathrm{i}y)(x-\mathrm{i}y)=x^2-(\mathrm{i}y)^2=x^2+y^2$$
答案:(D).

4. 由 $x(x^2+8x+16)(4-x)=0$ 可知
$$x(x+4)^2(x-4)=0$$
所以 $x=0,-4,-4$ 或 4.
所以 $x(x^2+8x+16)(4-x)$ 的根为 $0,4,-4$ 与 -4.
答案:(D).

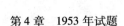

5. $\log_6 x = 2.5$,由定义
$$x = 6^{2.5} = 6^{\frac{5}{2}} = \sqrt{6^5} = 36\sqrt{6}$$

答案:(C).

6. 由
$$(5q+1)-(q+5)=4q-4$$

换成 dimes 为
$$\frac{5}{2}(4q-4)=10(q-1)$$

答案:(A).

7. 可知
$$\frac{\sqrt{a^2+x^2}-\dfrac{x^2-a^2}{\sqrt{a^2+x^2}}}{a^2+x^2}$$

$$=\frac{(\sqrt{a^2+x^2})^2-(x^2-a^2)}{(a^2+x^2)\sqrt{a^2+x^2}}=\frac{2a^2}{(a^2+x^2)^{\frac{3}{2}}}$$

答案:(D).

8. 求 $\begin{cases} y=\dfrac{8}{x^2+4} \\ x+y=2 \end{cases}$ 的交点,即求其实公共解

$$y=2-x$$
$$2-x=\frac{8}{x^2+4}$$

所以
$$(2-x)(x^2+4)=8$$
$$x^3-2x^2+4x=0$$
$$x(x^2-2x+4)=0$$

因为 $x^2-2x+4=0$ 无实根(因为 $b^2-4ac<0$),所以 $x^2-2x+4\neq 0$(交点的坐标需为实数),所以 $x=0$.

答案:(C).

9. 设需加水 n mL,酒精的容积为

$$9 \times 50\% = 4.5$$

又

$$\frac{4.5}{9+n} = 30\%$$

所以 $n = 6$.

答案:(D).

10. 对该点而言,轮转一圈走 $\pi \cdot 2 = 2\pi$(m).

因为 1 km = 1 000 m,所以此轮应转的次数为

$$\frac{1\,000}{2\pi} = \frac{500}{\pi}$$

答案:(C).

11. 设内圆半径为 r,则外圆半径为 $r+10$,所以

$$2\pi(r+10) - 2\pi r = 2\pi \cdot 10 \approx 60(\text{m})$$

答案:(C).

12. 设小圆的面积为 S_1,大圆的面积为 S_2,则

$$\frac{S_1}{S_2} = \frac{\pi \cdot 8^2}{\pi \cdot 12^2} = \frac{2^2}{3^2} = \frac{4}{9}$$

答案:(B).

13. 因为梯形中线长 l 为上、下底长 a,b 和的一半,即

$$l = \frac{1}{2}(a+b)$$

而因

$$\frac{1}{2}bh = \frac{1}{2}h(a+b) = hl$$

所以

$$l = \frac{1}{2}b = 9$$

(其中 b 表示三角形底边长,h 表示高).

答案:(B).

14. 如图所示,可知(A),(B),(C),(D)均成立.

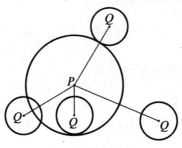

14 题答案图

答案:(E).

15. 由下图可知,浪费掉的金属的面积相当于两正方形面积之差. 设原方块的一边长为 a,则圆的半径亦为 a,所以新方块的一边长为 $\dfrac{a}{\sqrt{2}}$,所以

$$a^2 - \left(\dfrac{a}{\sqrt{2}}\right)^2 = \dfrac{a^2}{2}$$

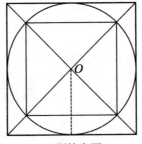

15 题答案图

答案:(B).

16. 设 C 表示某甲的物品的成本,S 表示售价,则得利 $P = 0.10S$,消费 $E = 0.15S$,所以

$$S = C + P + E = C + 0.10S + 0.15S$$

所以 $\frac{3}{4}S = C$,所以

$$S = \frac{4}{3}C = C + \frac{1}{3}C$$

可见补偿率为 $33\frac{1}{3}\%$.

答案:(D).

17. 设每年的收入为 t,而 $x\%$ 为平均利率,则

$$\frac{\frac{t}{2}}{4\%} + \frac{\frac{t}{2}}{6\%} = 4\,500 = \frac{t}{x\%}$$

所以 $\frac{1}{x} = \frac{1}{2} \times (\frac{1}{4} + \frac{1}{6})$,所以 $x = 4.8$.

答案:(B).

18. 由配方分析法知

$$\begin{aligned}
x^4 + 4 &= x^4 + 4x^2 + 4 - 4x^2 \\
&= (x^2 + 2)^2 - (2x)^2 \\
&= (x^2 + 2x + 2)(x^2 - 2x + 2)
\end{aligned}$$

答案:(C).

19. 因为

$$x(1-25\%)y^2(1-25\%)^2 = xy^2(1-25\%)^3$$
$$= (\frac{3}{4})^3 xy^2 = \frac{27}{64}xy^2$$

所以

$$1 - \frac{27}{64} = \frac{37}{64}$$

答案:(C).

20. 因为

$$(x^4 + 1) + (x^3 + x) - 4x^2 = 0$$

$$x^2[(x^2+\frac{1}{x^2})+(x+\frac{1}{x})-4]=0$$

$$x^2[(x+\frac{1}{x})^2-2+(x+\frac{1}{x})-4]=0$$

所以 $x^2(y^2+y-6)=0$

答案:(D).

21. 因为 $\lg(x^2-3x+6)=1$

所以 $x^2-3x+6=10$,所以 $x^2-3x-4=0$,所以 $x=4,-1$.

答案:(D).

22. 可知

$$\log_3(27\times\sqrt[4]{9}\times\sqrt[3]{9})=\log_3(3^3\times 3^{\frac{2}{4}}\times 3^{\frac{2}{3}})$$

$$=\log_3 3^{3+\frac{1}{2}+\frac{2}{3}}=3+\frac{1}{2}+\frac{2}{3}=4\frac{1}{6}$$

答案:(B).

23. 两边乘上 $\sqrt{x+10}$,得

$$x+10-6=5\times\sqrt{x+10}$$

$$x^2-17x-234=0$$

故 $x=26$ 或 -9,所以 $x=-9$ 是一增根.

答案:(B).

24. 因为

$$(10a+b)(10a+c)=100a(a+1)+bc$$

$$100a^2+10a(b+c)+bc=100a^2+100a+bc$$

所以

$$10a(b+c)=100a$$

所以

$$b+c=10$$

答案:(A).

25. 设 a 是首项,r 是公比,则 $a>0,r>0$.

因为 $ar^n = ar^{n+1} + ar^{n+2}$,所以 $1 = r + r^2$,所以 $r^2 + r - 1 = 0$,所以 $r = \dfrac{\sqrt{5}-1}{2}$.

答案:(C).

26. 如图,设 x 表示欲求的平行线段的长,则

$$\dfrac{S_{\triangle ADE}}{S_{\triangle ABC}} = \dfrac{x^2}{15^2}$$

但

$$S_{\triangle ADE} = \dfrac{2}{3} S_{\triangle ABC}$$

所以

$$\dfrac{2}{3} = \dfrac{x^2}{15^2}$$

所以

$$x = \dfrac{15\sqrt{2}}{\sqrt{3}} = 5\sqrt{6}$$

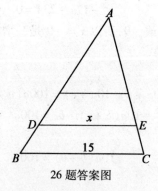

26 题答案图

答案:(A).

27. 由题意有

$$\pi \cdot 1^2 + \pi \cdot \left(\frac{1}{2}\right)^2 + \pi \cdot \left(\frac{1}{4}\right)^2 + \cdots$$
$$= \pi\left(1 + \frac{1}{4} + \frac{1}{16} + \cdots\right) = \pi\left(\frac{1}{1-\frac{1}{4}}\right) = \frac{4}{3}\pi$$

答案:(D).

28. 如图所示,有

$$\frac{c}{y} = \frac{b}{x} = \frac{c+b}{y+x} = \frac{c+b}{a}$$

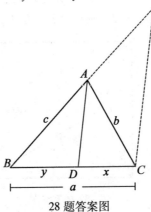

28 题答案图

答案:(D).

29. 此题有待微积分中讨论.

答案:(D).

30. 由题意有

$$9\,000 \times (1 - 10\%) = 8\,100$$
$$8\,100 \times (1 + 10\%) = 8\,910$$

所以甲赔 $8\,910 - 8\,100 = 810$,即乙赚 \$810.

答案:(D).

31. 每隔 8 m 可闻一声,设火车每小时行驶 x km =

$1\,000x$ m,故每小时可闻 $\dfrac{1\,000}{8}x$ 声,即 1 h 内可闻 $\dfrac{1\,000}{8}x$ 声,换言之,每闻 x 声需隔 $\dfrac{8}{1\,000}$ h,即

$$\dfrac{8\times 60^2}{1\,000}=28.8(\text{s})$$

答案:(A).

32. 如图,由于 $AB=CD$ 且 $AB/\!/CD$,所以 EG 垂直平分 AB,同理 HF 垂直平分 BC,故 EG 垂直平分 HF,$AB\neq BC$,$EG\neq HF$,所以 $\square EFGH$ 为菱形.

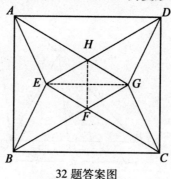

32 题答案图

答案:(D).

33. 设其一腰为 s,则

$$s+s+\sqrt{2}s=2p$$

所以

$$s=\dfrac{2p}{2+\sqrt{2}}=\dfrac{2-\sqrt{2}}{2}\cdot 2p=(2-\sqrt{2})p$$

所以面积为

$$\dfrac{1}{2}s\cdot s=\dfrac{(2-\sqrt{2})^2}{2}p^2=(3-2\sqrt{2})p^2$$

答案:(C).

34. 如图可知,半径等于12,(因△AOC是正三角形)所以直径为24.

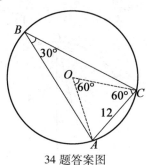

34题答案图

答案:(C).

35. 由题意有

$$f(x+2) = \frac{(x+2)[(x+2)-1]}{2} = \frac{(x+2)(x+1)}{2}$$

$$f(x+1) = \frac{(x+1)[(x+1)-1]}{2} = \frac{x(x+1)}{2}$$

两式相除,得

$$f(x+2) = \frac{x+2}{x} f(x+1)$$

答案:(E).

36. 由剩余定理得

$$4 \times 3^2 - 6 \times 3 + m = 0$$

所以 $m = -18$.

答案:(C).

37. 如图,由三角学公式

$$R = \frac{abc}{4S}$$

$$S = \frac{1}{2} \times 6 \times \sqrt{12^2 - 3^2} = 9\sqrt{15}$$

所以
$$R = \frac{6 \times 12 \times 12}{4 \times 9 \times \sqrt{15}} = \frac{24}{\sqrt{15}} = \frac{8\sqrt{15}}{5}$$

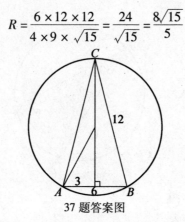

37 题答案图

答案:(E).

38. 由题意有
$$F[3, f(4)] = [f(4)]^2 + 3 = (4-2)^2 + 3 = 7$$
答案:(C).

39. $\log_a b \cdot \log_b a = 1$.

答案:(A).

40. 否命题是:非所有的人是不诚实的.修饰一下便是:有些人是不诚实的.

答案:(C).

41. 如图,设餐厅就建在 C 处,且设

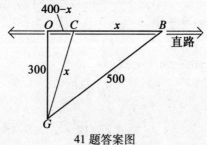

41 题答案图

$$BC = GC = x$$

则因

$$OB = \sqrt{500^2 - 300^2} = 400$$

所以

$$GC = \sqrt{OC^2 + OG^2}$$
$$x = \sqrt{(400-x)^2 + 300^2}$$

所以

$$x^2 = (400-x)^2 + 300^2$$
$$800x = 500^2, x = 312.5(\text{m})$$

答案:(E).

42. $l = \sqrt{41^2 - (5+4)^2} = 40.$

答案:(E).

43. 设物品的成本为 I,卖价为 S,则

$$S = I(1 + p\%)$$

而

$$S(1 - d\%) = I$$

消去 S, I 得

$$(1 + p\%)(1 - d\%) = 1$$

所以

$$1 - d\% = \frac{1}{1 + p\%}$$
$$1 - \frac{1}{1 + p\%} = d\%$$

所以

$$d\% = \frac{p\%}{1 + p\%}$$

答案:(C).

44. 学生甲所得的方程式为
$$(x-8)(x-2) = x^2 - 10x + 16 = 0$$

学生乙所得的方程式为
$$(x+9)(x+1) = x^2 + 10x + 9 = 0$$
学生甲看错常数项,即说一次项没看错,学生乙则等于没看错常数项,因此,可知正确的方程式为
$$x^2 - 10x + 9 = 0$$

答案:(A).

45. 因算术平均不小于几何平均,即
$$\frac{a+b}{2} \geq \sqrt{ab}$$

答案:(E).

46. 设矩形的长、短边长各为 x, y,则对角线长为 $\sqrt{x^2+y^2}$,由题意知
$$\sqrt{x^2+y^2} + \frac{x}{2} = x + y$$
$$\sqrt{x^2+y^2} = \frac{x}{2} + y$$
所以 $\frac{3}{4}x^2 = xy$,所以 $\frac{y}{x} = \frac{3}{4}$.

答案:(D).

47. $x > 0$,则 $1 + x < 10^x$,所以
$$\lg(1+x) < x$$

答案:(D).

48. 因为是一等腰梯形,故如图所示,有
$$t^2 = s^2 + (t - \frac{t-s}{2})^2$$
$$t^2 = s^2 + (\frac{t+s}{2})^2$$
所以
$$t^2 - s^2 = \frac{(t+s)^2}{4}$$

$$t-s=\frac{t+s}{4}$$

所以 $\frac{t-s}{t+s}=\frac{1}{4}$,所以 $\frac{t}{s}=\frac{5}{3}$,所以 $\frac{s}{t}=\frac{3}{5}$.

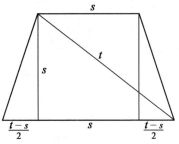

48 题答案图

答案:(D).

49. 如图,$C(0,k)$ 在 y 轴上,欲使 $AC+BC$ 最小,一般的方法是取 B 对 y 轴的对称点 $B'(-2,1)$,AB' 交 y 轴的点即为所求的点 C,即

$$\frac{y-5}{x-5}=\frac{5-1}{5-(-2)}=\frac{4}{7}$$

令 $x=0$,则

$$y=5-\frac{20}{9}=\frac{15}{7}=2\frac{1}{7}$$

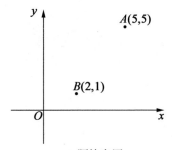

49 题答案图

答案:(E).

50. 如图,由三角公式得

$$r = \sqrt{\frac{(s-a)(s-b)(s-c)}{s}}, s = 6+8+x$$

所以

$$4 = \sqrt{\frac{6 \cdot 8 \cdot x}{6+8+x}}$$

$$16 \cdot (14+x) = 48x$$

$$14 + x = 3x$$

所以 $x = 7$,所以最小边为 $6 + 7 = 13$.

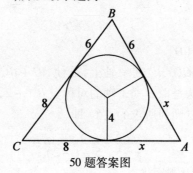

50 题答案图

答案:(B).

1954 年试题

第 5 章

1 第一部分

1. $5-\sqrt{y^2-25}$ 的平方是(　　).
   (A) $y^2-5\sqrt{y^2-25}$　(B) $-y^2$
   (C) y^2　(D) $(5-y)^2$
   (E) $y^2-10\sqrt{y^2-25}$

2. 方程式 $\dfrac{2x^2}{x-1}-\dfrac{2x+7}{3}+\dfrac{4-6x}{x-1}+1=0$ 经消去分母可变换为方程式 $x^2-5x+4=0$,且根为 4 与 1,那么原方程式的根为(　　).
   (A) 4 与 1　(B) 只有 1
   (C) 只有 4　(D) 既非 4 也非 1
   (E) 4 与某其他根

3. 若 x 随 y 的立方而变,y 随 x 的五次根而变,则 x 随 z 的 n 次方而变,其中 n 为(　　).
   (A) $\dfrac{1}{15}$　(B) $\dfrac{5}{3}$　(C) $\dfrac{3}{5}$　(D) 15
   (E) 8

4. 若 6 432 与 132 的最大公约数减去 8,则它将等于( ).
   (A)−6   (B)6   (C)−2   (D)3
   (E)4

5. 正六边形内接于一半径为 10 的圆内,则其面积为( ).
   (A)$150\sqrt{3}$ (B)150
   (C)$25\sqrt{3}$ (D)600
   (E)$300\sqrt{3}$

6. $\frac{1}{16} \cdot a^0 + (\frac{1}{16a})^0 - 64^{-\frac{1}{2}} - (-32)^{-\frac{4}{5}}$ 的值等于( ).
   (A)$1\frac{13}{16}$ (B)$1\frac{3}{16}$ (C)1 (D)$\frac{7}{8}$
   (E)$\frac{1}{16}$

7. 一主妇购买衣服一件便宜了 $2.50,若她花费了 $25.00 购买此衣,则她约省( ).
   (A)8%   (B)9%   (C)10%   (D)11%
   (E)12%

8. 已知三角形的底为一正方形一边长的两倍,且两者的面积相等,则三角形的高与正方形的边长之比为( ).
   (A)$\frac{1}{4}$ (B)$\frac{1}{2}$ (C)1 (D)2
   (E)4

9. 一点 P 在圆外,且距圆心的距离为 13,一割线引自 P 交圆于 Q 与 R,于圆外部的线段 PQ 长为 9,而 QR

为7,则圆的半径为( ).

(A)3 (B)4 (C)5 (D)6

(E)7

10. 展开二项式$(a+b)^6$的系数总和是( ).

(A)32 (B)16 (C)64 (D)48

(E)7

11. 某商人陈列许多衣服出卖,每件均有定价,之后,公告以减少其价格的$\frac{1}{3}$拍卖,已知这些衣服的成本为他实际售价的$\frac{3}{4}$,那么成本对定价之比为( ).

(A)$\frac{1}{2}$ (B)$\frac{1}{3}$ (C)$\frac{1}{4}$ (D)$\frac{2}{3}$

(E)$\frac{3}{4}$

12. 方程组$\begin{cases}2x-3y=7\\4x-6y=20\end{cases}$的解是( ).

(A)$\begin{cases}x=18\\y=12\end{cases}$ (B)$\begin{cases}x=0\\y=0\end{cases}$

(C)无解 (D)无限组解

(E)$\begin{cases}x=8\\y=5\end{cases}$

13. 四边形内接于一圆,外接圆的四段弧被四边形的边所截,则圆的弓形角的和为( ).

(A)180° (B)540° (C)360° (D)450°

(E)1 080°

14. 化简$\sqrt{1+(\frac{x^4-1}{2x^2})^2}$等于( ).

(A) $\dfrac{x^4+2x^2-1}{2x^2}$ (B) $\dfrac{x^4-1}{2x^2}$

(C) $\dfrac{\sqrt{x^2+1}}{2}$ (D) $\dfrac{x^2}{\sqrt{2}}$

(E) $\dfrac{x^2}{2}+\dfrac{1}{2x^2}$

15. lg 125 等于( ).

  (A) 100lg 1.25   (B) 5lg 3
  (C) 3lg 25   (D) 3 - 3lg 2
  (E) lg 25 · lg 5

2 第二部分

16. 若 $f(x)=5x^2-2x-1$,则 $f(x+h)-f(x)$ 等于( ).

  (A) $5h^2-2h$ (B) $10xh-4x+2$
  (C) $10xh-2x-2$ (D) $h(10x+5x-2)$
  (E) $3h$

17. 函数 $f(x)=2x^3-7$ 的图形为( ).

  (A) 右边升,左边降   (B) 右边降,左边升
  (C) 右、左均升   (D) 右、左均降
  (E) 非上述情况

18. 下列各集合中,满足 $2x-3>7-x$ 的 x 的所有值的一个是( ).

  (A) $x>4$ (B) $x<\dfrac{10}{3}$ (C) $x=\dfrac{10}{3}$ (D) $x>\dfrac{10}{3}$

  (E) $x<0$

19. 联结一个三角形内切圆的三个切点,则所形成的三角形之角（　　）.

(A)等于60°

(B)有一钝角与不等的两锐角

(C)有一钝角及相等的两锐角

(D)为锐角

(E)相互间常不等

20. 方程式 $x^3+6x^2+11x+6=0$（　　）.

(A)无负实根　　(B)无正实根

(C)无实根　　(D)1个正根与2个负根

(E)1个负根与2个正根

21. 求方程式 $2\sqrt{x}+2x^{-\frac{1}{2}}=5$ 的根可由（　　）求出.

(A)$16x^2-92x+1=0$　　(B)$4x^2-25x+4=0$

(C)$4x^2-17x+4=0$　　(D)$2x^2-21x+2=0$

(E)$4x^2-25x-4=0$

22. $\dfrac{2x^2-x}{(x+1)(x-2)}-\dfrac{4+x}{(x+1)(x-2)}$ 不可由 $x=-1$ 或 $x=2$ 求得其值,因为以零当除数是不准的,对于其他的 x 值而言（　　）.

(A)此式可有许多不同的值

(B)此式的值为2

(C)此式的值为1

(D)此式有一值介于 -1 与2之间

(E)此式有一值大于2或小于 -1

23. 若物品的成本 C 元与售价 S 元之间的差额 $M=\dfrac{1}{n}C$ 时,此差额为（　　）.

(A)$M=\dfrac{1}{n-1}S$　　(B)$M=\dfrac{1}{n}S$

(C)$M=\dfrac{n}{n+1}S$ (D)$M=\dfrac{1}{n+1}S$

(E)$M=\dfrac{n}{n-1}S$

24. 若方程式 $2x^2-kx+x+8=0$ 有相等的实根时，k 的值为( ).

(A)9 与 -7 (B)只有 -7

(C)9 与 7 (D)-9 与 -7

(E)只有 9

25. 方程式 $a(b-c)x^2+b(c-a)x+c(a-b)=0$ 的根为 1 与( ).

(A)$\dfrac{b(c-a)}{a(b-c)}$ (B)$\dfrac{a(b-c)}{c(a-b)}$

(C)$\dfrac{a(b-c)}{b(c-a)}$ (D)$\dfrac{c(a-b)}{a(b-c)}$

(E)$\dfrac{c(a-b)}{b(c-a)}$

26. 分线段 AB 于点 C，使 $AC=3CB$，以 AC，CB 为直径作圆，其公切线交 AB 于 D，则 BD 等于( ).

(A)小圆的直径 (B)小圆的半径

(C)大圆的半径 (D)$\sqrt{3}CB$

(E)两半径的差

27. 一直角圆锥的底为一圆，其半径等于一已知球 P 的半径. 此圆锥的体积等于该球体积的一半，那么此圆锥的高与其底的半径之比为( ).

(A)$\dfrac{1}{1}$ (B)$\dfrac{1}{2}$ (C)$\dfrac{2}{3}$ (D)$\dfrac{2}{1}$

(E)$\sqrt{\dfrac{5}{4}}$

28. 若 $\dfrac{m}{n} = \dfrac{4}{3}$ 且 $\dfrac{r}{t} = \dfrac{9}{14}$，则 $\dfrac{3mr - nt}{4nt - 7mr}$ 的值为（　　）.

(A) $-5\dfrac{1}{2}$　(B) $-\dfrac{11}{14}$　(C) $-1\dfrac{1}{4}$　(D) $\dfrac{11}{14}$

(E) $-\dfrac{2}{3}$

29. 若直角三角形两直角边长之比为 $1:2$，斜边上的高分斜边成两线段，则对应于直角边长的两线段之比为（　　）.

(A) $1:4$　(B) $1:\sqrt{2}$　(C) $1:2$　(D) $1:\sqrt{5}$
(E) $1:5$

30. 甲与乙共做一件事 2 天可完成，乙与丙 4 天可完成，丙与甲 $2\dfrac{2}{5}$ 天可完成，则甲一人做此事可完成的天数为（　　）.

(A) 1　　(B) 3　　(C) 6　　(D) 12
(E) 2.8

31. 在 $\triangle ABC$ 中，$AB = AC$，$\angle A = 40°$，点 O 在三角形内，且 $\angle OBC = \angle OCA$，则 $\angle BOC$ 的度数是（　　）.

(A) $110°$　(B) $35°$　(C) $140°$　(D) $55°$
(E) $70°$

32. $x^4 + 64$ 的因式为（　　）.

(A) $(x^2 + 8)^2$
(B) $(x^2 + 8)(x^2 - 8)$
(C) $(x^2 + 2x + 4)(x^2 - 8x + 16)$
(D) $(x^2 - 4x + 8)(x^2 - 4x - 8)$
(E) $(x^2 - 4x + 8)(x^2 + 4x + 8)$

33. 一银行借支 $120 的手续费为 $6，借者收到 $114，且分每月 $10 的 12 期分期偿还借支，则此项借支的利率约为（　　）.

(A)5%   (B)6%   (C)7%   (D)10%
(E)15%

34. 分数 $\frac{1}{3}$ (   ).

(A)等于 0.333 333 33

(B)小于 0.333 333 33,且差为 $\frac{1}{3\times 10^8}$

(C)小于 0.333 333 33,且差为 $\frac{1}{3\times 10^9}$

(D)大于 0.333 333 33,且差为 $\frac{1}{3\times 10^8}$

(E)大于 0.333 333 33,且差为 $\frac{1}{3\times 10^9}$

35. 如图,在直角三角形中,已知 $BM+MA=BC+CA$,
若 $MB=x, CB=h, CA=d$,则 x 等于(   ).

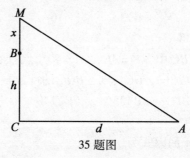

35 题图

(A) $\dfrac{hd}{2h+d}$ (B) $d-h$

(C) $\dfrac{1}{2}d$ (D) $h+d=\sqrt{2}d$

(E) $\sqrt{h^2+d^2}=h$

3 第三部分

36. 一船在静水中的速率为 15 km/h,一溪之流水速率为 5 km/h. 若此船往返航行于其中一段距离,则此船往返的平均速率与在静水中的速率之比为( ).

(A) $\dfrac{5}{4}$ (B) $\dfrac{1}{1}$ (C) $\dfrac{8}{9}$ (D) $\dfrac{7}{8}$

(E) $\dfrac{9}{8}$

37. 如图,在 $\triangle PQR$ 中,RS 平分 $\angle R$,延长 PQ 至 D 且使 $\angle n$ 为直角,则( ).

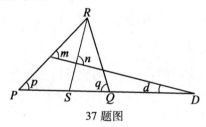

37 题图

(A) $\angle m = \dfrac{1}{2}(\angle p - \angle q)$

(B) $\angle m = \dfrac{1}{2}(\angle p + \angle q)$

(C) $\angle d = \dfrac{1}{2}(\angle q + \angle p)$

(D) $\angle d = \dfrac{1}{2}\angle m$

(E) 非上述答案

38. 若 lg 2 = 0.301 0 与 lg 3 = 0.477 1,当 $3^{x+3} = 135$ 时,x 的值约为( ).

(A)5　　(B)1.47　　(C)1.67　　(D)1.78

(E)1.63

39. 自一已知点 P 引一线段至一已知圆(中心为 O,半径为 r),则其中点的轨迹为( ).

(A)一直线垂直于 PO

(B)一直线平行于 PO

(C)一圆,中心为 P,半径为 r

(D)一圆,中心在 PO 的中点,半径为 $2r$

(E)一圆,中心在 PO 的中点,半径为 $\frac{1}{2}r$

40. 若 $(a + \frac{1}{a})^2 = 3$,则 $a^3 + \frac{1}{a^3}$ 等于( ).

(A)$\frac{10\sqrt{3}}{3}$　　(B)$3\sqrt{3}$　　(C)0　　(D)$7\sqrt{7}$

(E)$6\sqrt{3}$

41. $4x^3 - 8x^2 - 63x - 9 = 0$ 的所有根之和为( ).

(A)8　　(B)2　　(C)-8　　(D)-2

(E)0

42. 设想

$$y = x^2 - \frac{1}{2}x + 2 \qquad ①$$

与

$$y = x^2 + \frac{1}{2}x + 2 \qquad ②$$

的图像在轴的同集合上,且这些抛物线恰具同形状,则( ).

(A)这两个图像重合　　(B)①的图像在②之下

(C)①的图像在②之左　(D)①的图像在②之右
(E)①的图像在②之上

43. 一直角三角形的斜边长为 10,其内切圆的半径为 1,则此三角形的周长为(　　).
(A)15　(B)22　(C)24　(D)26
(E)30

44. 某人出生于 19 世纪的前半叶,于 x^2 年时年龄为 x,则此人出生于(　　).
(A)1849 年　　　　(B)1825 年
(C)1812 年　　　　(D)1836 年
(E)1806 年

45. 在菱形 $ABCD$ 中,作一线段平行于对角线 BD,且止于菱形的边内,则此线段之长视为点 A 至此线段的距离的函数时,其函数图像为(　　).
(A)过原点之一直线　(B)截第一象限的一直线
(C)两线段成"∨"之型　(D)两线段成"∧"之型
(E)非上述答案

46. 如图,在圆中若 A,B,C 为切点,则 x 等于(　　).

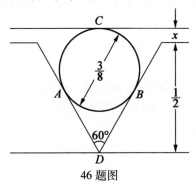

46 题图

(A)$\dfrac{3}{16}$　(B)$\dfrac{1}{8}$　(C)$\dfrac{1}{32}$　(D)$\dfrac{3}{32}$

(E) $\dfrac{1}{16}$

47. 线段 AB 的长为 p,中点 M 的垂线 MR 的长为 q,自 R 作一弧,其半径等于 $\dfrac{1}{2}AB$,交 AB 于 T,则 AT 与 TB 为下列何方程式的根(   ).

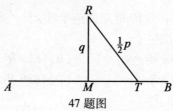

47题图

(A) $x^2 + px + q^2 = 0$ (B) $x^2 - px + q^2 = 0$
(C) $x^2 + px - q^2 = 0$ (D) $x^2 - px - q^2 = 0$
(E) $x^2 - px + q = 0$

48. 一火车出发后 1 h 出事了,停留半小时后以原速率的 $\dfrac{3}{4}$ 行驶,结果到达目的地晚 $3\dfrac{1}{2}$ h. 若出事的地点向前移 90 km 时,则火车到达目的地只晚 3 h. 那么,整个行程长(   )km.
(A) 400   (B) 465   (C) 600   (D) 640
(E) 550

49. 两奇数平方差常可被 8 整除. 若 $a > b$,且 $2a+1$ 与 $2b+1$ 为两奇数,欲证前叙述,我们给出平方数之差为(   ).
(A) $(2a+1)^2 - (2b+1)^2$
(B) $4b^2 - 4b^2 + 4a - 4b$
(C) $4[a(a+1) - b(b+1)]$
(D) $4(a-b)(a+b+1)$

(E)$4(a^2+a-b^2-b)$

50. 时间在 7:00 与 8:00 之间, 当时针与分针之间的夹角为 84°时, 最接近的时间是(   ).
   (A)7:23 与 7:53   (B)7:20 与 7:50
   (C)7:22 与 7:53   (D)7:23 与 7:52
   (E)7:21 与 7:49

4 答 案

1.(E)   2.(C)   3.(C)   4.(E)   5.(A)   6.(D)
7.(B)   8.(C)   9.(C)   10.(C) 11.(A)
12.(C) 13.(B) 14.(E) 15.(D) 16.(D)
17.(A) 18.(D) 19.(D) 20.(B) 21.(C)
22.(B) 23.(D) 24.(A) 25.(D) 26.(B)
27.(D) 28.(B) 29.(A) 30.(B) 31.(A)
32.(E) 33.(D) 34.(D) 35.(A) 36.(C)
37.(B) 38.(B) 39.(E) 40.(C) 41.(B)
42.(D) 43.(B) 44.(E) 45.(D) 46.(E)
47.(B) 48.(C) 49.(C) 50.(A)

5 1954 年试题解答

1. 可知
$$(5-\sqrt{y^2-25})^2 = 25 - 2\times 5\sqrt{y^2-25} + y^2 - 25$$
$$= y^2 - 10\sqrt{y^2-25}$$

答案:(E).

2. 因为 1 可使分母为零,故不可为方程式的根.
答案:(C).

3. 因为 $x = k_1 y^3, y = k_2 z^{\frac{1}{5}}$,所以 $x = k_1 k_2 z^{\frac{3}{5}} = k z^{\frac{3}{5}}$.
答案:(C).

4. 因为

$$
\begin{array}{r|l} 8 & 6\,432 \\ \hline 4 & 804 \\ \hline 3 & 201 \\ \hline & 67 \end{array} \qquad \begin{array}{r|l} 2 & 132 \\ \hline 2 & 66 \\ \hline 3 & 33 \\ \hline & 11 \end{array}
$$

所以 $6\,432 = 2^5 \times 3 \times 67, 132 = 2^2 \times 3 \times 11$.

所以 $6\,432$ 与 132 的最大公约数为 $2^2 \times 3 = 12, 12 - 8 = 4$.

答案:(E).

5. 因为正六边形的一边长等于其外接圆的半径,且为 10,故正六边形的面积为六个每边长为 10 的正三角形面积的和,而每一个正三角形为

$$\frac{1}{2} \times 10 \times 5\sqrt{3} = 25\sqrt{3}$$

所以正六边形的面积为

$$25\sqrt{3} \times 6 = 150\sqrt{3}$$

答案:(A).

6. 可知

$$\frac{1}{16} \times 1 + 1 - \frac{1}{\sqrt{64}} - \frac{1}{(-2^5)^{\frac{4}{5}}} = \frac{1}{16} + 1 - \frac{1}{8} - \frac{1}{16}$$
$$= \frac{7}{8}$$

答案:(D).

7. 由 $\frac{2.5}{25 + 2.5} = \frac{2.5}{27.5} = \frac{1}{11}$,故 $\frac{1}{11} \times 100\% \approx 9\%$.

答案：(B)．

8. 设三角形的高为 h，正方形的一边为 s，则

$$\frac{1}{2} \cdot 2s \cdot h = s^2$$

所以 $h = s$．

答案：(C)．

9. 设此圆的半径为 r，因为

$$\triangle PMQ \sim \triangle PRN$$

所以

$$\frac{PM}{PQ} = \frac{PR}{PN}$$

即

$$\frac{13-r}{9} = \frac{7+9}{13+r}$$

$$13^2 - r^2 = 9 \times 16, r = 5$$

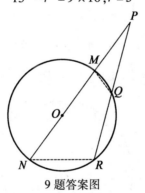

9题答案图

答案：(C)．

10. 令 $a = b = 1$，则 $(1+1)^6 = 2^6 = 64$．

答案：(C)．

11. 设售价为 S，定价为 M，成本为 C，则

$$S = M - \frac{1}{3}M, C = \frac{3}{4}S$$

所以

$$C = \frac{3}{4} \times \frac{2}{3} M = \frac{1}{2} M$$

答案:(A).

12. 因为两方程式形成矛盾方程式,或 $\begin{vmatrix} 2 & -3 \\ 4 & -6 \end{vmatrix} = 0$ 无解.

答案:(C).

13. 如图所示, a,b,c,d 表示四段弧长,设 A,B,C,D 分别为其所对的圆心角,则

$$\angle x = \frac{1}{2}(A + B + C)$$

四角之和为

$$S = \frac{1}{2}(A + B + C + B + C + D +$$
$$C + D + A + D + A + B)$$
$$= \frac{3}{2}(A + B + C + D) = \frac{3}{2} \times 360° = 540°$$

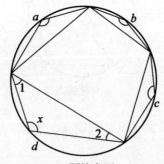

13 题答案图

答案:(B).

14. 可知

第 5 章　1954 年试题

$$\sqrt{1+\left(\frac{x^4-1}{2x^2}\right)^2} = \sqrt{\frac{(2x^2)^2+(x^4-1)^2}{(2x^2)^2}}$$

$$= \frac{\sqrt{4x^4+x^8-2x^4+1}}{2x^2}$$

$$= \frac{\sqrt{x^8+2x^4+1}}{2x^2}$$

$$= \frac{x^4+1}{2x^2} = \frac{x^2}{2}+\frac{1}{2x^2}$$

答案:(E).

15. $\lg 125 = \lg 5^3 = 3\lg 5 = 3\lg\frac{10}{2} = 3 - 3\lg 2$.

答案:(D).

16. 由 $f(x) = 5x^2 - 2x - 1$,有
$$f(x+h) - f(x) = 5(x+h)^2 - 2(x+h) -$$
$$1 - 5x^2 + 2x + 1$$
$$= 10xh - 2h + 5h^2$$
$$= h(10x + 5h - 2)$$

答案:(D).

17. 只能由实际作图(描足够的点)方可知图形是右边升,左边降.

注:若由微分法则可以立即判断.

答案:(A).

18. 因为 $2x - 3 > 7 - x, 3x > 10$,所以 $x > \frac{10}{3}$.

答案:(D).

19. 如图所示,a, b, c 表示所属部分的弧长,则
$$\angle A = 180° - 2\angle B' = 180° - 2\angle A'$$
所以　　　$2 \cdot \angle A' = 180° - \angle A$

所以 $\angle A' = (90° - \frac{1}{2}\angle A) < 90°$

同理

$\angle B' = (90° - \frac{1}{2}\angle B) < 90°$

$\angle C' = (90° - \frac{1}{2}\angle C) < 90°$

可见 $\triangle A'B'C'$ 为锐角三角形.

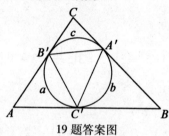

19 题答案图

答案:(D).

20. $x^3 + 6x^2 + 11x + 6 = 0$,由因式定理知

$$(x+1)(x^2+5x+6) = 0$$

所以

$$(x+1)(x+2)(x+3) = 0$$

答案:(B).

21. $2\sqrt{x} + \frac{2}{\sqrt{x}} = 5$,两边平方,得

$$4(x + \frac{1}{x} + 2) = 25$$

所以

$$4x^2 - 17x + 4 = 0$$

答案:(C).

22. 可知

$$\frac{2x^2-x}{(x+1)(x-2)}-\frac{4+x}{(x+1)(x-2)}$$

$$=\frac{2x^2-x-4-x}{(x+1)(x-2)}$$

$$=\frac{2(x-2)(x+1)}{(x+1)(x-2)}$$

$$=2$$

答案：(B).

23. 由题意知
$$S=C+M=nM+M=M(1+n)$$

所以 $$M=\frac{1}{1+n}S$$

答案：(D).

24. 判别式 $(k-1)^2-4\times 2\times 8=0$，所以 $k-1=8$, $k=9$ 或 -7.

答案：(A).

25. 两根之和为 $-\frac{b(c-a)}{a(b-c)}$，已知一根为1，故另一根为

$$-\frac{b(c-a)}{a(b-c)}-1=-\frac{bc-ba+ab-ac}{a(b-c)}$$

$$=-\frac{c(b-a)}{a(b-c)}$$

$$=\frac{c(a-b)}{a(b-c)}$$

答案：(D).

或者：由两根之积为 $\frac{c(a-b)}{a(b-c)}$ 即知.

26. 设 $BD=x$，则由 $\triangle DMP \backsim \triangle DNQ$，知

$$\frac{\frac{1}{2}BC}{\frac{1}{2}AC} = \frac{\frac{1}{2}BC + x}{\frac{1}{2}AC + BC + x}$$

因为 $AC = 3BC$，所以

$$\frac{1}{3} = \frac{BC + 2x}{5BC + 2x}$$

所以

$$3BC + 6x = 5BC + 2x$$
$$4x = 2BC$$
$$x = \frac{1}{2}BC$$

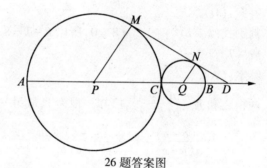

26 题答案图

答案：(B).

27. 设此球的半径为 r，而直圆锥的高为 h，则

$$\frac{1}{2} \cdot \frac{4}{3}\pi r^3 = \frac{1}{3}\pi r^2 \cdot h$$

所以 $h = 2r$，所以 $\frac{h}{r} = \frac{2}{1}$.

答案：(D).

28. 可知

$$\frac{3mr-nt}{4nt-7mr}=\frac{3\frac{mr}{nt}-1}{4-7\frac{mr}{nt}}=\frac{3\times\frac{4}{3}\times\frac{9}{14}-1}{4-7\times\frac{4}{3}\times\frac{9}{14}}$$

$$=\frac{108-42}{168-252}$$

$$=\frac{66}{-84}=-\frac{11}{14}$$

或者 $\frac{m}{n}=\frac{4}{3}$,$\frac{r}{t}=\frac{9}{14}$,$\frac{mr}{nt}=\frac{4}{3}\times\frac{9}{14}=\frac{6}{7}$

所以 $\frac{mr}{6}=\frac{nt}{7}=k$,所以 $mr=6k, nt=7k$,代入原式即知.

答案:(B).

29. 如图,由相似三角形,知

$$AB^2=BD\cdot BC, AC^2=CD\cdot BC$$

所以

$$\frac{BD}{CD}=\frac{AB^2}{AC^2}=\left(\frac{1}{2}\right)^2=\frac{1}{4}$$

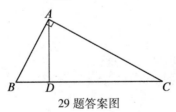

29 题答案图

答案:(A).

30. 设甲、乙、丙三人做此事各需 x, y, z 天才能完成,则

$$\frac{1}{x}+\frac{1}{y}=\frac{1}{2} \qquad ①$$

$$\frac{1}{y} + \frac{1}{z} = \frac{1}{4} \qquad ②$$

$$\frac{1}{z} + \frac{1}{x} = \frac{5}{12} \qquad ③$$

①－②＋③得

$$\frac{2}{x} = \frac{1}{4} + \frac{5}{12} = \frac{8}{12}$$

所以 $x = 3$.

答案：(B).

31. 因为 $\angle A = 40°$，所以 $\angle B = \angle C = 70°$.

由外角定理知

$$\angle BOC = \angle OCA + \angle A + \angle OBA = \angle A + \angle B$$
$$= 40° + 70° = 110°$$

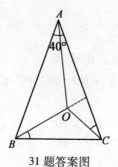

31题答案图

答案：(A).

32. 可知

$$x^4 + 64 = x^4 + 8^2 = x^4 + 2 \cdot 8x^2 + 8^2 - 2 \cdot 8x^2$$
$$= (x^2 + 8)^2 - 16x^2$$
$$= (x^2 + 4x + 8)(x^2 - 4x + 8)$$

答案：(E).

33. 准确的利率公式是很复杂的，大略估计，他一年需花费 $59（此数可以由查"利率"表而得），故

$$\frac{6}{59} \times 100\% \approx 10\%$$

答案:(D).

34. $\frac{1}{3}$ 是一有理数,乃无限循环小数的一种,因为

$$\frac{1}{3} - 0.333\,333\,33 = 0.000\,000\,003\,333\cdots$$

$$= 0.333\cdots \times \frac{1}{10^8} = \frac{1}{3} \times \frac{1}{10^8}$$

答案:(D).

35. 如题中图所示,有

$$MA^2 = (x+h)^2 + d^2$$

且

$$MA + x = h + d$$

所以

$$(h+d-x)^2 = (x+h)^2 + d^2$$
$$(h+d)^2 - 2x(h+d) + x^2 = x^2 + 2hx + h^2 + d^2$$
$$2hd = (4h+2d)x$$

所以

$$x = \frac{hd}{2h+d}$$

答案:(A).

36. 设航行距离为 d,且平均速率为 x,则

$$\frac{d}{15+5} + \frac{d}{15-5} = \frac{2d}{x}$$

所以 $\frac{1}{20} + \frac{1}{10} = \frac{2}{x}$,所以 $x = \frac{40}{3}$,故

$$\frac{v_{平}}{v_{静}} = \frac{\frac{40}{3}}{15} = \frac{8}{9}$$

答案:(C).

37. 由题中图示知

$$\angle m = \angle p + \angle d = \angle p + (\angle q - \angle m)(外角定理)$$

所以 $2\angle m = \angle p + \angle q$,所以 $\angle m = \frac{1}{2}(\angle p + \angle q)$.

答案:(B).

38. 因为

$$3^{x+3} = 135, \lg 3^{x+3} = \lg 135$$

$$(x+3)\lg 3 = \lg 3^3 + \lg 5 = 3\lg 3 + \lg \frac{10}{2}$$

所以

$$x\lg 3 = 1 - \lg 2$$

所以

$$x = \frac{1 - \lg 2}{\lg 3} = \frac{1 - 0.3010}{0.4771} \approx 1.47$$

答案:(B).

39. 自点 P 作 PA 至圆 O 的点 A 处,A' 为 PA 的中点,O' 为 PO 的中点. 由相似形知轨迹乃为一个以 OP 的中点为中心,半径为 $\frac{1}{2}r$ 的圆(如图).

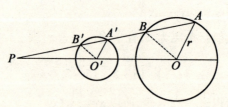

39 题答案图

答案:(E).

40. 由 $\left(a + \frac{1}{a}\right)^2 = 3, a + \frac{1}{a} = \pm\sqrt{3}$,可知

$$a^3 + \frac{1}{a^3} = (a + \frac{1}{a})(a^2 - 1 + \frac{1}{a^2})$$
$$= (a + \frac{1}{a})[(a + \frac{1}{a})^2 - 3]$$
$$= \pm\sqrt{3}(3 - 3) = 0$$

答案：(C).

41. 三根之和为 $-(\frac{-8}{4}) = 2$.

答案：(B).

42. 设
$$\begin{cases} y_1 = x^2 - \frac{1}{2}x + 2 \\ y_2 = x^2 + \frac{1}{2}x + 2 \end{cases}$$

只有 x 的一次项不同，可见彼此间与 y 轴对称（如图），即 $x > 0$ 时，$y_1 < y_2$；$x < 0$ 时，$y_1 > y_2$；$x = 0$ 时，$y_1 = y_2$.

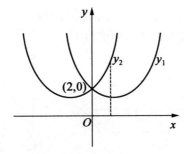

42 题答案图

答案：(D).

43. 设两直角边为 x, y，由切线长的性质知
$$x + y = 10 + 2 \times 1 = 12$$

所以三角形的周长为 $12+10=22$.

答案：(B).

44. 由题意知
$$1800 < x^2 < 1900, 10\sqrt{18} < x < 10\sqrt{19}$$
x 需为整数，可见 $x=43$，$x^2=1849$，所以 $1849-43=1806$.

或者：求方程式 $1800+t+x=x^2$ 的整数根（其中 t 表示在 0 与 50 之间的整数）.

答案：(E).

45. 如图(a)，因为 $\dfrac{l}{t}=\dfrac{BO}{AO}$，但 $0<t<AO$，所以
$$2l=\dfrac{2\cdot BO}{AO}t \quad (0<t\leqslant AO)$$

同理
$$2l=\dfrac{2\cdot BO}{AO}(AC-t)$$

但
$$AO \leqslant t < AC$$

由上两方程式可得图(b).

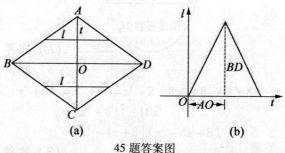

45 题答案图

答案：(D).

46. △ABD 成等边三角形，则

$$DC = DO + CO(\text{设 } O \text{ 为圆心})$$
$$= DO + r(r \text{ 为半径}) = 2r + r$$
$$(DO = 2r, \text{因 } m\angle D = 60°)$$
$$= 3r = 3 \times \frac{3}{16} = \frac{9}{16}$$

$$\frac{9}{16} - \frac{1}{2} = \frac{1}{16}$$

答案：(E).

47. 因为
$$MT = \sqrt{(\frac{p}{2})^2 - q^2}$$

所以
$$AT = AM + MT = \frac{p}{2} + \frac{1}{2}\sqrt{p^2 - 4q^2}$$

$$BT = BM - MT = \frac{p}{2} - \frac{1}{2}\sqrt{p^2 - 4q^2}$$

此乃 $x^2 - px + q = 0$ 的两根.

答案：(B).

48. 设全程为 x km, 原速率为 v km/h, 则
$$\frac{x - v \cdot 1}{\frac{3}{4}v} + 1 + \frac{1}{2} - \frac{x}{v} = 3\frac{1}{2}(\text{以时间为等式})$$

$$\frac{x - v \cdot 1 - 90}{\frac{3}{4}v} + 1 + \frac{1}{2} + \frac{90}{v} - \frac{x}{v} = 3(\text{以时间为等式})$$

两式相减得
$$\frac{90}{\frac{3}{4}v} - \frac{90}{v} = \frac{1}{2}$$

所以 $3v=180$,所以 $v=60(\text{km/h})$,代回原式得 $x=600(\text{km})$.

答案:(C).

49. $(2a+1)^2-(2b+1)^2$ (且 $a>b$) $=4a^2+4a+1-4b^2-4b-1=4[a(a+1)-b(b+1)]$.

因 a 与 $a+1$,b 与 $b+1$ 是连续整数,故 $a(a+1)$ 与 $b(b+1)$ 必含 2 的因数,其差亦必含 2 的因数(因两偶数的差仍是偶数).

答案:(C).

50. $84°$ 相当于时间
$$\frac{84°}{30°}\times 5=14(\text{min})$$

设正确时间为 $7:x$,则分针走 x min 的位置时,时针走 $\frac{x}{12}$ min 的位置.

时针实际在的位置相当于 $(35+\frac{x}{12})$ min 的位置处,则有
$$35+\frac{x}{12}=x\pm 14$$

所以
$$35\mp 14=\frac{11}{12}x$$

所以 $x=\frac{12}{11}\times 21$ 或 $x=\frac{12}{11}\times 49$,所以 $x\approx 23$ 或 $x\approx 53$.

答案:(A).

辛特勒定理

附录

1 空间闭曲线的等分点[①]

辛特勒(Zindler)在1918年发表了以下定理:

设有可求长空间闭曲线.今将此空间闭曲线四等分,考虑它的等分点组.由于其中一点完全是任意的,所以有无数的组存在,但是在这无数的组中至少有这样一组存在,它的四个等分点在同一平面上.

在此,空间闭曲线不管什么形状都可以.

为了证明辛特勒定理,需要用到以下事项:

空间相异四点 $P_i(x_i, y_i, z_i)$, $i=1, 2, 3, 4$ 共面的条件是

[①] 本节摘编自吴再丰译,高桥进一著的《初等数学》.

$$\begin{vmatrix} x_1 & y_1 & z_1 & 1 \\ x_2 & y_2 & z_2 & 1 \\ x_3 & y_3 & z_3 & 1 \\ x_4 & y_4 & z_4 & 1 \end{vmatrix} = 0$$

现在我们来给出辛特勒定理的一个出色的证明.

假设在给定空间闭曲线 C 上任意取定一点 O(图 1), C 上的其他点 P, 可以由 O 到 P 的弧长 s 完全确定, 并且取定曲线 C 的方向. 再者, 假设 C 的全长为 l, 则 $0 \leqslant s \leqslant l$. 用 $P(s)$ 表示 C 上的点 P, 若设某一组的四等分点为 $P(s_1), P(s_2), P(s_3), P(s_4)$, 则得

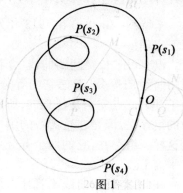

图 1

$$s_2 = s_1 + \frac{l}{4}$$

$$s_3 = s_2 + \frac{l}{4} = s_1 + \frac{l}{2}$$

$$s_4 = s_3 + \frac{l}{4} = s_1 + \frac{3}{4}l$$

显然, 此处我们可假定

$$0 \leqslant s_1 \leqslant \frac{l}{4}$$

而不妨碍问题的一般性. 这时四等分点组随 s_1 的变化

而变化. 因此, 设四等分点 $P(s_i), i = 1,2,3,4$ 的坐标为 $P(x_i, y_i, z_i), i = 1,2,3,4$, 则 $x_i, y_i, z_i (i = 1,2,3,4)$ 皆是 s_1 的单值连续函数.

考虑函数

$$F(s_1) = \begin{vmatrix} x_1 & y_1 & z_1 & 1 \\ x_2 & y_2 & z_2 & 1 \\ x_3 & y_3 & z_3 & 1 \\ x_4 & y_4 & z_4 & 1 \end{vmatrix}$$

因为 $F(s_1)$ 是对 $x_i, y_i, z_i, i = 1,2,3,4$ 进行加、减、乘等运算后所得之函数, 所以它仍然是 s_1 的单值连续函数.

再者, 设将 s_1 从 s_1 变到 s_2, 于是得到 $P(s_1) \to P(s_2), P(s_2) \to P(s_3), P(s_3) \to P(s_4), P(s_4) \to P(s_1)$, 即

$$F(s_2) = \begin{vmatrix} x_2 & y_2 & z_2 & 1 \\ x_3 & y_3 & z_3 & 1 \\ x_4 & y_4 & z_4 & 1 \\ x_1 & y_1 & z_1 & 1 \end{vmatrix}$$

由上述行列式显然可知, 若将它的第 4 行用第 3 行, 第 3 行用第 2 行, 第 2 行用第 1 行顺次代换之, 结果 $F(s_2)$ 就变为 $F(s_1)$. 可是, 因为变换行列式任意相邻两行, 其结果改变行列式的符号. 所以, 经过上述变换后 $F(s_2)$ 的符号变为 $(-1)^3 = -1$. 这就是说: $F(s_1)$ 与 $F(s_2)$ 持有相异的符号. 另一方面, 应用关于单值连续函数的重要定理, 即:

如果单值连续函数 $f(x)$ 在 $x = a$ 及 $x = b$ 上取异号的函数值, 那么在区间 $[a,b]$ 中至少有这样一个 ξ 存在, 使得 $f(\xi) = 0$.

可以知道在区间 (s_1, s_2) 内至少有这样一个 ξ 存

在,使得 $F(\xi)=0$. 因此,按一开始所述之预备事项,知道四等分点

$$P(\xi), P\left(\xi+\frac{l}{4}\right), P\left(\xi+\frac{l}{2}\right), P\left(\xi+\frac{3l}{4}\right)$$

是共面的. 由此证明了辛特勒定理.

其次,我们考虑一个与辛特勒定理有关的问题,它是这样叙述的:

在可求长空间闭曲线的五等分点组中,是否有一组等分点在同一球面上?

首先,空间内相异五点 $P_i(x_i, y_i, z_i), i=1,2,\cdots,5$ 在同一球面上的条件为

$$\begin{vmatrix} x_1^2+y_1^2+z_1^2 & x_1 & y_1 & z_1 & 1 \\ x_2^2+y_2^2+z_2^2 & x_2 & y_2 & z_2 & 1 \\ x_3^2+y_3^2+z_3^2 & x_3 & y_3 & z_3 & 1 \\ x_4^2+y_4^2+z_4^2 & x_4 & y_4 & z_4 & 1 \\ x_5^2+y_5^2+z_5^2 & x_5 & y_5 & z_5 & 1 \end{vmatrix} = 0$$

其次,与辛特勒定理证明类似,假设在全长为 l 的空间闭曲线的正方向上取定的一组等分点为

$$0 \le s_1 < \frac{l}{5}$$

$$s_2 = s_1 + \frac{l}{5}$$

$$s_3 = s_1 + \frac{2}{5}l$$

$$s_4 = s_1 + \frac{3}{5}l$$

$$s_5 = s_1 + \frac{4}{5}l$$

并且设该组各等分点 $P(s_i), i=1,2,\cdots,5$ 的坐标为 $(x_i, y_i, z_i), i=1,2,\cdots,5$. 再者,将上述 5 阶行列式记为

$F(s_1)$. 现将 s_1 从 s_1 变到 s_2,于是得到 $P(s_1) \to P(s_2)$, $P(s_2) \to P(s_3)$, $P(s_3) \to P(s_4)$, $P(s_4) \to P(s_5)$, $P(s_5) \to P(s_1)$, 即

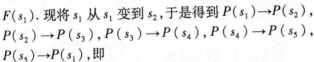

$$F(s_2) = \begin{vmatrix} x_2^2 + y_2^2 + z_2^2 & x_2 & y_2 & z_2 & 1 \\ x_3^2 + y_3^2 + z_3^2 & x_3 & y_3 & z_3 & 1 \\ x_4^2 + y_4^2 + z_4^2 & x_4 & y_4 & z_4 & 1 \\ x_5^2 + y_5^2 + z_5^2 & x_5 & y_5 & z_5 & 1 \\ x_1^2 + y_1^2 + z_1^2 & x_1 & y_1 & z_1 & 1 \end{vmatrix}$$

考察上述 5 阶行列式,若将第 5 行顺次用第 4 行、第 3 行、第 2 行、第 1 行代换之,结果 $F(s_2)$ 就变为 $F(s_1)$. 即 $F(s_1) = (-1)^4 F(s_2) = F(s_2)$,换句话说 $F(s_1)$ 与 $F(s_2)$ 之间没有符号的变化. 因此,本题即使适用于辛特勒定理的证法亦无法解决.

但是,关于可求长空间闭曲线的六等分点,高桥进一推得以下定理.

在可求长空间闭曲线的六等分点组 $(P_1, P_2, P_3, P_4, P_5, P_6)$ 中,至少有这样一组存在,使得三直线 P_1P_4, P_2P_5, P_3P_6 相交于同一点(图 2).

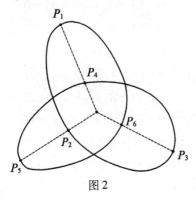

图 2

为了证明这个定理,首先,我们将叙述一个准备事项.

现将通过空间两点 $P(x_1,y_1,z_1)$ 和 $Q(x_2,y_2,z_2)$ 的直线方程写为

$$\frac{x-x_1}{x_2-x_1}=\frac{y-y_1}{y_2-y_1}=\frac{z-z_1}{z_2-z_1}$$

假设上式连比的值等于 λ,并且就 x,y,z 解之,于是得到

$$\begin{cases} x-(1-\lambda)x_1-\lambda x_2=0 \\ y-(1-\lambda)y_1-\lambda y_2=0 \\ z-(1-\lambda)z_1-\lambda z_2=0 \end{cases}$$

我们将这个式子称为以 λ 为参数的直线方程.

其次,设 $P_i(x_i,y_i,z_i)$,$i=1,2,\cdots,6$ 为空间内相异的 6 点,则三条直线 P_1P_4,P_2P_5,P_3P_6 欲要相交于同一点 (α,β,γ) 的充要条件为下面的 9 个等式

$$\alpha-(1-\lambda_1)x_1-\lambda_1 x_4=0$$
$$\alpha-(1-\lambda_2)x_2-\lambda_2 x_5=0$$
$$\alpha-(1-\lambda_3)x_3-\lambda_3 x_6=0$$
$$\beta-(1-\lambda_1)y_1-\lambda_1 y_4=0$$
$$\beta-(1-\lambda_2)y_2-\lambda_2 y_5=0$$
$$\beta-(1-\lambda_3)y_3-\lambda_3 y_6=0$$
$$\gamma-(1-\lambda_1)z_1-\lambda_1 z_4=0$$
$$\gamma-(1-\lambda_2)z_2-\lambda_2 z_5=0$$
$$\gamma-(1-\lambda_3)z_3-\lambda_3 z_6=0$$

必须成立. 从这 9 个等式消去 $\alpha,\beta,\gamma,-(1-\lambda_1)$, $-(1-\lambda_2),-(1-\lambda_3),-\lambda_1,-\lambda_2,-\lambda_3$,则得

$$\begin{vmatrix} 1 & & & x_1 & & & x_4 & & \\ 1 & & & & x_2 & & & x_5 & \\ 1 & & & & & x_3 & & & x_6 \\ & 1 & & y_1 & & & y_4 & & \\ & 1 & & & y_2 & & & y_5 & \\ & 1 & & & & y_3 & & & y_6 \\ & & 1 & z_1 & & & z_4 & & \\ & & 1 & & z_2 & & & z_5 & \\ & & 1 & & & z_3 & & & z_6 \end{vmatrix} = 0$$

上式为三条直线 P_1P_4, P_2P_5, P_3P_6 相交于同一点的条件. 左边 9 阶行列式中空白的地方表示元素皆取 0.

现在, 我们就来证明前面所给出的定理.

假设在全长为 l 的空间闭曲线的正方向上取定的一组等分点为

$$0 \leqslant s_1 < \frac{l}{6}$$

$$s_2 = s_1 + \frac{l}{6}$$

$$s_3 = s_1 + \frac{2}{6}l$$

$$s_4 = s_1 + \frac{3}{6}l$$

$$s_5 = s_1 + \frac{4}{6}l$$

$$s_6 = s_1 + \frac{5}{6}l$$

并且设该组各等分点 $P(s_i), i = 1, 2, \cdots, 6$ 的坐标为 $(x_i, y_i, z_i), i = 1, 2, \cdots, 6$. 再者, 将上述 9 阶行列式记为

$F(s_1)$. 现将 s_1 从 s_1 变到 s_2, 于是则得 $P(s_1) \to P(s_2)$, $P(s_2) \to P(s_3)$, $P(s_3) \to P(s_4)$, $P(s_4) \to P(s_5)$, $P(s_5) \to P(s_6)$, $P(s_6) \to P(s_1)$, 即

$$F(s_2) = \begin{vmatrix} 1 & & & & x_2 & x_5 & & & \\ 1 & & & & & & x_3 & x_6 & \\ 1 & & & & & & & & x_4 & x_1 \\ & 1 & & & y_2 & y_5 & & & \\ & 1 & & & & & y_3 & y_6 & \\ & 1 & & & & & & & y_4 & y_1 \\ & & 1 & & z_2 & z_5 & & & \\ & & 1 & & & & z_3 & z_6 & \\ & & 1 & & & & & & z_4 & z_1 \end{vmatrix}$$

再者,为了寻找 $F(s_2)$ 与 $F(s_1)$ 之间的关系,我们将 9 阶行列式 $F(s_2)$ 的第 3 行顺次用第 2 行、第 1 行代换,将第 6 行顺次用第 5 行、第 4 行代换,将第 9 行顺次用第 8 行、第 7 行代换. 在这种情况下,第 1,2,3 列的 9 个元素 1 的次序没有变动. 所以,只要研究第 4 列到第 9 列字母的次序的变化即可. 但是,因为字母 x, y, z 的次序都相同,所以仅取其中之一考虑之. 以字母 x 来说,这个次序的变化为

$$\begin{matrix} & & x_4 & x_1 \\ x_2 & x_5 & & \\ & & x_3 & x_6 \end{matrix}$$

现将第 8 列顺次用第 7 列、第 6 列、第 5 列、第 4 列置换之,于是得到

$$\begin{matrix} x_4 & & & x_1 \\ & x_2 & x_5 & \\ & & x_3 & x_6 \end{matrix}$$

142

其次,将第 9 列顺次用第 8 列、第 7 列、第 6 列、第 5 列、第 4 列置换之,结果为

$$\begin{matrix} x_1 & x_4 \\ x_2 & x_5 \\ x_3 & x_6 \end{matrix}$$

显然 $F(s_2)$ 变为 $F(s_1)$. 经过这些行和列的代换后,$F(s_2)$ 的符号变为

$$(-1)^2 \times (-1)^2 \times (-1)^2 \times (-1)^4 \times (-1)^5 = -1$$

此即 $F(s_1)$ 与 $F(s_2)$ 持有相异的符号,故适用于辛特勒定理的证明法. 因此,根据刚才所述的预备事项,本定理即已证明.

另一方面,本定理即使对于可求长闭平面曲线的六等分点也可以成立. 这时闭平面曲线不要求是约当曲线,即使是自身相割的闭曲线亦行.

顺便指出,对于非约当、可求长闭平面曲线的四等分点,有下面两个定理.

定理 1 在可求长闭平面曲线的四等分点组 (P_1, P_2, P_3, P_4) 中,至少有这样一组存在,使得四等分点 P_1, P_2, P_3, P_4 在同一圆周上.

定理 2 在可求长闭平面曲线的四等分点组 (P_1, P_2, P_3, P_4) 中,至少有这样一组存在,使得直线 P_1P_3 与 P_2P_4 正交.

平面上相异四点 $P_i(x_i, y_i)$,$i = 1, 2, 3, 4$ 在同一圆周上的条件为

$$\begin{vmatrix} x_1^2 + y_1^2 & x_1 & y_1 & 1 \\ x_2^2 + y_2^2 & x_2 & y_2 & 1 \\ x_3^2 + y_3^2 & x_3 & y_3 & 1 \\ x_4^2 + y_4^2 & x_4 & y_4 & 1 \end{vmatrix} = 0$$

其次，两直线 P_1P_3，P_2P_4 直交的条件为
$$(x_1-x_3)(x_2-x_4)+(y_1-y_3)(y_2-y_4)=0$$
因为这两个等式的左边的式子适用于前述的论证，立即推得这两个定理的证明．至于证明的细节留给读者自己去做．

2　任意五等分点组都不共球的空间闭曲线①

本节的目的在于构造一条空间闭曲线，它的任意五等分点组都不在同一球面上．于是从反面解决了上述问题．

在构造这条曲线之前，首先注意如下的两个简单事实．

命题 1　设球 O 上有不共面的四点 A,B,C,D，又设点 E 在球 O 内，则 A,B,C,D,E 五点不共球．

命题 2　设有空间五点 A,B,C,D,E，假定 A,E 在平面 BCD 的两侧，如果存在过 B,C,D 的球使 A,E 在球内，则 A,B,C,D,E 五点不共球．

证明　命题 1 显然，为证命题 2，首先注意对于平面上的圆 O，若 AB 为弦，C,D 在圆内且在 AB 两侧，则 A,B,C,D 不共圆．事实上，如图 3，$\angle ACB + \angle ADB > \angle AEB + \angle AFB = 180°$．

现考虑命题 2，如图 4，过 A,E 作平面交圆 BCD 于 F,G．则如上述，A,G,E,F 不共圆，假设 A,B,C,D,E 共球，则过 B,C,D 的圆将在该球上，即 A,B,C,D,E，

---

①　本节原作者谢子填，参考自高桥进一的空间闭曲线的等分点（吴再丰译）．

F,G 都在同一球上,因而 A,G,E,F 共圆与假设矛盾. 所以 A,B,C,D,E 不共球. 命题 2 得证.

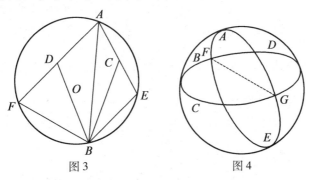

图 3　　　　　　图 4

现在构造我们所需要的曲线：如图 5，在平面 π 上取定相互垂直的两条直线 A_1A_3, A_2A_4，相交于点 O. 过 O 作直线 OA_5 垂直平面 π. A_2, A_4, A_5 确定的平面记作 π_1，A_1, A_3, A_5 确定的平面记作 π_2. 并取 $|OA_1| = |OA_2| = |OA_3| = |OA_4| = |OA_5| = \dfrac{2}{\pi}$.

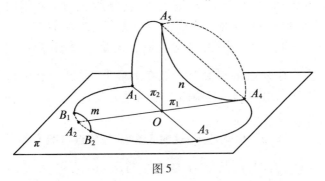

图 5

在平面 π 上，以 O 为圆心，$\dfrac{2}{\pi}$ 为半径作圆弧 $\overparen{A_1A_2A_3A_4}$（即圆周的 $\dfrac{3}{4}$ 长）. 容易算得 $|\overparen{A_1A_2}| =$

$|\widehat{A_2A_3}| = |\widehat{A_3A_4}| = 1$,其中$|\widehat{A_iA_j}|$表示弧长.

现在,在平面π_1上作圆弧$\widehat{A_4A_5}$,在平面π_2上作圆弧$\widehat{A_5A_1}$(均为圆周的$\dfrac{1}{4}$). 由$\widehat{A_1A_2A_3A_4}$,$\widehat{A_4A_5}$,$\widehat{A_5A_1}$构成了空间闭曲线,记作Γ_0,显然Γ_0全在球心为O,半径为$\dfrac{2}{\pi}$的球面上.

现在,在平面π_1上,以直线A_4A_5为对称轴,作$\widehat{A_4A_5}$的对称弧$\widehat{A_4nA_5}$.

最后,在$\widehat{A_2A_1}$上取点B_1,在$\widehat{A_2A_3}$上取点B_2,使$|\widehat{A_2B_1}| = |\widehat{A_2B_2}| = \dfrac{1}{8}$.并在平面$\pi$上,以$B_1B_2$为对称轴作$\widehat{B_1B_2}$的对称弧$\widehat{B_1mB_2}$.

由弧$\widehat{A_1B_1}$,$\widehat{B_1mB_2}$,$\widehat{B_2A_3}$,$\widehat{A_3A_4}$,$\widehat{A_4nA_5}$,$\widehat{A_5A_1}$所构成的空间闭曲线记作Γ. 这个Γ就是所求的空间闭曲线.下面我们来证明Γ的任意五等分点组都不共球.

为此首先注意:曲线Γ的长度是5.因此Γ的任意五等分点组都恰有一点在$\widehat{A_1A_5}$上,把这一点记作P_1.P_1确定之后,其余四点的位置也就确定了.下面分几种情况考虑.

(1)若P_1就是A_1.这时Γ的五等分点组即为(A_1, m, A_3, A_4, A_5),其中m是OA_2与$\widehat{B_1mB_2}$的交点.这时A_1, A_3, A_4, A_5在球O的球面上,而m在球O之内,由命题1,(A_1, m, A_3, A_4, A_5)不在同一球面上.

(2)设$0 < |\widehat{A_1P_1}| < \dfrac{1}{8}$.这时等分点组如图6所

示. 显然 P_2, P_5 在球 O 之内. 因此若能证得 P_2, P_5 在平面 $P_1P_3P_4$ 的两侧,则由命题 2,$(P_1, P_2, P_3, P_4, P_5)$ 不共球.

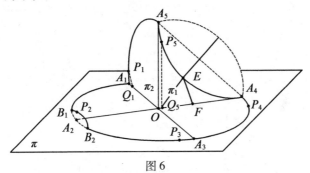

图 6

为证此,过 P_1, P_5 作平面 π 的垂线分别交 OA_1, OA_4 于 Q_1, Q_5. 首先证明

$$|P_5Q_5| > |P_1Q_1|$$

事实上,作 $\angle A_5OA_4$ 的角分线交弧 $\widehat{A_5P_5A_4}$ 于 E,过 E 作平面 π 的垂线交 OA_4 于 F. 由于 $|OA_4| = \dfrac{2}{\pi}$,则有

$$|P_5Q_5| > |EF| = \dfrac{|OE|}{\sqrt{2}} = \dfrac{2}{\pi} \cdot \dfrac{1}{\sqrt{2}}(\sqrt{2}-1) > \dfrac{0.56}{\pi} > \dfrac{1}{8} >$$

$|\widehat{A_1P_1}| > |P_1Q_1|$,再过 Q_1, Q_5 作 P_3P_4 的垂线分别交 P_3P_4 于 R_1, R_5(图中未画出). 易见 $Q_1R_1 > Q_5R_5$,从而

$$0 < \tan\angle P_1R_1Q_1 = \dfrac{P_1Q_1}{Q_1R_1} < \dfrac{P_5Q_5}{Q_5R_5} = \tan\angle P_5R_5Q_5 < \dfrac{\pi}{2}$$

由三垂线定理,知 $\angle P_1R_1Q_1$ 正是平面 $P_1P_3P_4$ 与平面 π 所成的二面角,而 $\angle P_5R_5Q_5$ 正是平面 $P_5P_3P_4$ 与平面 π 所成的二面角. 由 $\angle P_5R_5Q_5 > \angle P_1R_1Q_1$,$P_5$ 与 P_2 在平面 $P_1P_3P_4$ 的两侧. 因此 $(P_1, P_2, P_3, P_4, P_5)$

不共球.

(3) 设 $\frac{1}{8} < |\widehat{A_1P_1}| < \frac{7}{8}$, 等分点组如图 7 所示, 这时 P_1, P_2, P_3, P_4 在球 O 上, 而 P_5 在球 O 之内. 由命题 1, $(P_1, P_2, P_3, P_4, P_5)$ 不共球.

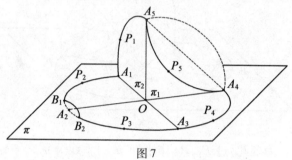

图 7

(4) 设 $\frac{7}{8} < |\widehat{A_1P_1}| < 1$, 等分点组如图 8 所示.

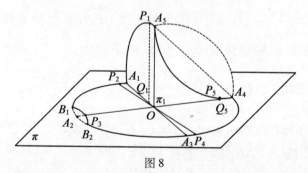

图 8

这时和情形(2)一样, 只需证平面 $P_1P_2P_4$ 与平面 π 的交角大于平面 π 与平面 $P_5P_2P_4$ 的交角, 则 P_5, P_3 就在平面 $P_1P_2P_4$ 的两侧. 而 P_3, P_5 在球 O 之内. 由命题 2 可知 $(P_1, P_2, P_3, P_4, P_5)$ 不共球. 证毕.

所以 Γ 是我们所求的空间闭曲线.

3 一个奥数命题

安徽省芜湖市第十二中学胡安礼提出以下命题:

试证:如下构造的空间曲线 Γ 的任意五等分点组都不在同一球面上.

曲线 Γ 的构造:如图 9,作周长为 l 的圆 O. 在圆 O 上取弧 $\overset{\frown}{AmB}$,使

$$\frac{1}{5}l < |\overset{\frown}{AmB}| < \frac{2}{5}l$$

其中 $|\overset{\frown}{AmB}|$ 表示弧长,并以 AB 为轴将 $\overset{\frown}{AmB}$ 旋转 π 得 $\overset{\frown}{Am'B}$. 在圆 O 上取弧 $\overset{\frown}{BnC}$,使

$$|\overset{\frown}{AmB}| + |\overset{\frown}{BnC}| < \frac{2}{5}l$$

并以 BC 为轴将 $\overset{\frown}{BnC}$ 旋转 $\theta(0 < \theta < \pi)$ 得 $\overset{\frown}{Bn'C}$. 由 $\overset{\frown}{Am'B}, \overset{\frown}{Bn'C}, \overset{\frown}{CrA}$ 组成的曲线便是空间曲线.

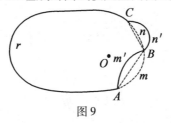

图 9

证明 设 $(A_1, A_2, A_3, A_4, A_5)$ 是曲线 Γ 的任一五等分点组.

由曲线 Γ 的构造,知曲线 Γ 的长度为 l,且

$$|\overset{\frown}{AmB}| > \frac{1}{5}l$$

$$|\overparen{CrA}| > \frac{3}{5}l$$

故至少有一个分点(不妨设为 A_1)落在 $\overparen{Am'B}$ 内(不包括端点),同时,至少有三个分点(不妨设为 A_2, A_3, A_4)落在 $\overparen{CrA}$ 内(不包括端点).

又由曲线 Γ 的构造,知 $\overparen{Am'B}$ 与 $\overparen{CrA}$ 在同一平面内.从而,A_1,A_2,A_3,A_4 四点在同一平面内.

由平面几何知识,知 A_2,A_3,A_4 三点只能确定唯一的圆 O. 而点 A_1 不在圆 O 上,故 A_1,A_2,A_3,A_4 四点不共圆. 于是,A_1,A_2,A_3,A_4 四点必不共球. 否则,过点 A_1,A_2,A_3,A_4 的平面与点 A_1,A_2,A_3,A_4 所在的球面的截线是圆,即 A_1,A_2,A_3,A_4 四点共圆,矛盾.

从而,点 A_1,A_2,A_3,A_4,A_5 不可能共球,即曲线 Γ 的任意五等分点组都不在同一球面上.

编辑手记

　　这是一本收集美国早期中学生数学竞赛试题的小册子.

　　龙应台有一篇文章,叫《你所不知道的台湾》.龙应台解释过一个社会人们为什么喜欢宏观叙事,讲大事,抖大词,谈什么革命、解放,是因为没有小自由,比如说谈个恋爱,上个网,翻个墙,小事情不能做就只能做大事情.大事情不解决,小事情也解决不了.

　　出版这个工作恰好相反,做小事、出小书多是因为大书出不了才退而求其次.笔者初入出版界的宏大构想是先出布尔巴基的《数学原本》(20年过去了,只收集到不到10本的俄文版,而且没人愿意翻译).然后是《高斯全集》(好在潘承彪先生的大力协助下完成了其中最有名的一本《算术探索》)、《欧拉全集》(本工作室也出版了两本《无穷分析引论》(上、下册))、《希尔伯特全集》、

历届美国中学生数学竞赛试题及解答(第1卷)

《柯西全集》……远大的理想没有实现,就做一点小事情吧. 美国因其独特的吸引人才的政策和先进的教育理念及优越的人才成长环境,继德国、英国、法国之后成为世界数学中心,独执现代数学之牛耳. 数学人才成长的第一个表现会出现在中学阶段的数学竞赛中,所以探访美国中学数学竞赛的发展是有益的. 要做这件事,就要从头做起,尽管它距今已有六十多年了,尽管它简单,有些难度还比不上我国的初中课本上的习题. 但是它朴实、本质且具历史价值,值得收藏,有些习题也值得一做再做. 有一个段子是这样的:同学上学,我在上学. 同学毕业,我在上学. 同学上班,我在上学. 同学结婚,我在上学. 同学生娃,我在上学. 同学孩子都开始上学了,我还在上学. 我被自己好学的精神深深感动了.

  本书中的许多题目笔者在初中就见过,因为刚刚改革开放,数学资料奇缺,所以有许多先到美国留学的学者回国就带了回来,并翻译成了中文. 当时哈工大也内部出版了一本是由刘家琦带回的、由谢鸿政等翻译的16开本铅印小册子. 后来几十年经历了学数学、教数学、出版数学书几个阶段,笔者又与之多次相遇. 直至最近两位美籍华人作者在我室出版了一套英文版《美国数学竞赛50讲》,又重新勾起了笔者对这一竞赛的回忆. 翻看这些几十年前的东西发现有很大的怀旧成分. 有人说:怀旧这件事,最多只能想想、说说. 王莽那样动真格的,自古就没出过几个. 有人这样议论过:复古者们渴望重温的,绝非唐尧虞舜治下的黄金时代,而是他们能够记起来的某个时候.

  本书的后面加了一个附录是想说明许多数学竞赛试题其实都是有高等背景的. 笔者喜欢探求背景及一般化的思维习惯学于华先生. 在1978年全国中学生数

编辑手记

学竞赛结束时华先生谈到了一个当时刚刚在国内兴起现在已大行其道的理论背景——线性规划,昔日王谢堂前燕,飞入寻常百姓家. 现在自主招生、中高考中都出现了这类问题. 这就是:

1978 年全国试题第二试第 3 题,华罗庚先生指出可以一般化为下列问题:如图 1,当点 (x,y) 在平面上的一个区域 T(包括边界)上变动时,求一次函数 $ax+by$ 的最大值和最小值.

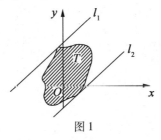

图 1

解析 $ax+by=P$,当 P 变动时就得到一组互相平行的直线族,与 T 有公共点的最边缘的两条直线 l_1 和 l_2,就决定了 $ax+by$ 在 T 上的最小值和最大值,可见一次函数的极值总是在 T 的边界上达到. 当区域 T 是一个三角形时,就一定在顶点上达到极值. 如果 T 有一条边属于直线族 $ax+by=P$,则在这条边上 $ax+by$ 的值都相等,且是最大值或最小值.

几十年过去,弹指一挥间!

刘培杰
2014 年 6 月 6 日
于哈工大

哈尔滨工业大学出版社刘培杰数学工作室
已出版(即将出版)图书目录

书　名	出版时间	定　价	编号
新编中学数学解题方法全书(高中版)上卷	2007—09	38.00	7
新编中学数学解题方法全书(高中版)中卷	2007—09	48.00	8
新编中学数学解题方法全书(高中版)下卷(一)	2007—09	42.00	17
新编中学数学解题方法全书(高中版)下卷(二)	2007—09	38.00	18
新编中学数学解题方法全书(高中版)下卷(三)	2010—06	58.00	73
新编中学数学解题方法全书(初中版)上卷	2008—01	28.00	29
新编中学数学解题方法全书(初中版)中卷	2010—07	38.00	75
新编中学数学解题方法全书(高考复习卷)	2010—01	48.00	67
新编中学数学解题方法全书(高考真题卷)	2010—01	38.00	62
新编中学数学解题方法全书(高考精华卷)	2011—03	68.00	118
新编平面解析几何解题方法全书(专题讲座卷)	2010—01	18.00	61
新编中学数学解题方法全书(自主招生卷)	2013—08	88.00	261
数学眼光透视	2008—01	38.00	24
数学思想领悟	2008—01	38.00	25
数学应用展观	2008—01	38.00	26
数学建模导引	2008—01	28.00	23
数学方法溯源	2008—01	38.00	27
数学史话览胜	2008—01	28.00	28
数学思维技术	2013—09	38.00	260
从毕达哥拉斯到怀尔斯	2007—10	48.00	9
从迪利克雷到维斯卡尔迪	2008—01	48.00	21
从哥德巴赫到陈景润	2008—05	98.00	35
从庞加莱到佩雷尔曼	2011—08	138.00	136
数学解题中的物理方法	2011—06	28.00	114
数学解题的特殊方法	2011—06	48.00	115
中学数学计算技巧	2012—01	48.00	116
中学数学证明方法	2012—01	58.00	117
数学趣题巧解	2012—03	28.00	128
三角形中的角格点问题	2013—01	88.00	207
含参数的方程和不等式	2012—09	28.00	213

哈尔滨工业大学出版社刘培杰数学工作室
已出版（即将出版）图书目录

书　名	出版时间	定　价	编号
数学奥林匹克与数学文化(第一辑)	2006—05	48.00	4
数学奥林匹克与数学文化(第二辑)(竞赛卷)	2008—01	48.00	19
数学奥林匹克与数学文化(第二辑)(文化卷)	2008—07	58.00	36
数学奥林匹克与数学文化(第三辑)(竞赛卷)	2010—01	48.00	59
数学奥林匹克与数学文化(第四辑)(竞赛卷)	2011—08	58.00	87
发展空间想象力	2010—01	38.00	57
走向国际数学奥林匹克的平面几何试题诠释(上、下)(第1版)	2007—01	68.00	11,12
走向国际数学奥林匹克的平面几何试题诠释(上、下)(第2版)	2010—02	98.00	63,64
平面几何证明方法全书	2007—08	35.00	1
平面几何证明方法全书习题解答(第1版)	2005—10	18.00	2
平面几何证明方法全书习题解答(第2版)	2006—12	18.00	10
平面几何天天练上卷·基础篇(直线型)	2013—01	58.00	208
平面几何天天练中卷·基础篇(涉及圆)	2013—01	28.00	234
平面几何天天练下卷·提高篇	2013—01	58.00	237
平面几何专题研究	2013—07	98.00	258
最新世界各国数学奥林匹克中的平面几何试题	2007—09	38.00	14
数学竞赛平面几何典型题及新颖解	2010—07	48.00	74
初等数学复习及研究(平面几何)	2008—09	58.00	38
初等数学复习及研究(立体几何)	2010—06	38.00	71
初等数学复习及研究(平面几何)习题解答	2009—01	48.00	42
世界著名平面几何经典著作钩沉——几何作图专题卷(上)	2009—06	48.00	49
世界著名平面几何经典著作钩沉——几何作图专题卷(下)	2011—03	88.00	80
世界著名平面几何经典著作钩沉(民国平面几何老课本)	2011—03	38.00	113
世界著名解析几何经典著作钩沉——平面解析几何卷	2014—01	38.00	273
世界著名数论经典著作钩沉(算术卷)	2012—01	28.00	125
世界著名数学经典著作钩沉——立体几何卷	2011—02	28.00	88
世界著名三角学经典著作钩沉(平面三角卷Ⅰ)	2010—06	28.00	69
世界著名三角学经典著作钩沉(平面三角卷Ⅱ)	2011—01	38.00	78
世界著名初等数论经典著作钩沉(理论和实用算术卷)	2011—07	38.00	126
几何学教程(平面几何卷)	2011—03	68.00	90
几何学教程(立体几何卷)	2011—07	68.00	130
几何变换与几何证题	2010—06	88.00	70
计算方法与几何证题	2011—06	28.00	129
立体几何技巧与方法	2014—04	88.00	293
几何瑰宝——平面几何500名题暨1000条定理(上、下)	2010—07	138.00	76,77
三角形的解法与应用	2012—07	18.00	183
近代的三角形几何学	2012—07	48.00	184
一般折线几何学	即将出版	58.00	203
三角形的五心	2009—06	28.00	51
三角形趣谈	2012—08	28.00	212
解三角形	2014—01	28.00	265
圆锥曲线习题集(上)	2013—06	68.00	255

哈尔滨工业大学出版社刘培杰数学工作室
已出版（即将出版）图书目录

书　名	出版时间	定　价	编号
俄罗斯平面几何问题集	2009—08	88.00	55
俄罗斯立体几何问题集	2014—03	58.00	283
俄罗斯几何大师——沙雷金论数学及其他	2014—01	48.00	271
来自俄罗斯的5000道几何习题及解答	2011—03	58.00	89
俄罗斯初等数学问题集	2012—05	38.00	177
俄罗斯函数问题集	2011—03	38.00	103
俄罗斯组合分析问题集	2011—01	48.00	79
俄罗斯初等数学万题选——三角卷	2012—11	38.00	222
俄罗斯初等数学万题选——代数卷	2013—08	68.00	225
俄罗斯初等数学万题选——几何卷	2014—01	68.00	226
463个俄罗斯几何老问题	2012—01	28.00	152
近代欧氏几何学	2012—03	48.00	162
罗巴切夫斯基几何学及几何基础概要	2012—07	28.00	188
超越吉米多维奇——数列的极限	2009—11	48.00	58
Barban Davenport Halberstam 均值和	2009—01	40.00	33
初等数论难题集（第一卷）	2009—05	68.00	44
初等数论难题集（第二卷）（上、下）	2011—02	128.00	82,83
谈谈素数	2011—03	18.00	91
平方和	2011—03	18.00	92
数论概貌	2011—03	18.00	93
代数数论（第二版）	2013—08	58.00	94
代数多项式	2014—06	38.00	289
初等数论的知识与问题	2011—02	28.00	95
超越数论基础	2011—03	28.00	96
数论初等教程	2011—03	28.00	97
数论基础	2011—03	18.00	98
数论基础与维诺格拉多夫	2014—03	18.00	292
解析数论基础	2012—08	28.00	216
解析数论基础（第二版）	2014—01	48.00	287
数论入门	2011—03	38.00	99
数论开篇	2012—07	28.00	194
解析数论引论	2011—03	48.00	100
复变函数引论	2013—10	68.00	269
无穷分析引论（上）	2013—04	88.00	247
无穷分析引论（下）	2013—04	98.00	245

哈尔滨工业大学出版社刘培杰数学工作室
已出版(即将出版)图书目录

书　名	出版时间	定　价	编号
数学分析	2014—04	28.00	338
数学分析中的一个新方法及其应用	2013—01	38.00	231
数学分析例选：通过范例学技巧	2013—01	88.00	243
三角级数论(上册)(陈建功)	2013—01	38.00	232
三角级数论(下册)(陈建功)	2013—01	48.00	233
三角级数论(哈代)	2013—06	48.00	254
基础数论	2011—03	28.00	101
超越数	2011—03	18.00	109
三角和方法	2011—03	18.00	112
谈谈不定方程	2011—05	28.00	119
整数论	2011—05	38.00	120
随机过程(Ⅰ)	2014—01	78.00	224
随机过程(Ⅱ)	2014—01	68.00	235
整数的性质	2012—11	38.00	192
初等数论 100 例	2011—05	18.00	122
初等数论经典例题	2012—07	18.00	204
最新世界各国数学奥林匹克中的初等数论试题(上、下)	2012—01	138.00	144,145
算术探索	2011—12	158.00	148
初等数论(Ⅰ)	2012—01	18.00	156
初等数论(Ⅱ)	2012—01	18.00	157
初等数论(Ⅲ)	2012—01	28.00	158
组合数学	2012—04	28.00	178
组合数学浅谈	2012—03	28.00	159
同余理论	2012—05	38.00	163
丢番图方程引论	2012—03	48.00	172
平面几何与数论中未解决的新老问题	2013—01	68.00	229
历届美国中学生数学竞赛试题及解答(第一卷)1950—1954	2014—07	18.00	277
历届美国中学生数学竞赛试题及解答(第二卷)1955—1959	2014—04	18.00	278
历届美国中学生数学竞赛试题及解答(第三卷)1960—1964	2014—06	18.00	279
历届美国中学生数学竞赛试题及解答(第四卷)1965—1969	2014—04	28.00	280
历届美国中学生数学竞赛试题及解答(第五卷)1970—1972	2014—06	18.00	281

哈尔滨工业大学出版社刘培杰数学工作室
已出版(即将出版)图书目录

书　名	出版时间	定　价	编号
历届 IMO 试题集(1959—2005)	2006—05	58.00	5
历届 CMO 试题集	2008—09	28.00	40
历届加拿大数学奥林匹克试题集	2012—08	38.00	215
历届美国数学奥林匹克试题集:多解推广加强	2012—08	38.00	209
历届国际大学生数学竞赛试题集(1994—2010)	2012—01	28.00	143
全国大学生数学夏令营数学竞赛试题及解答	2007—03	28.00	15
全国大学生数学竞赛辅导教程	2012—07	28.00	189
全国大学生数学竞赛复习全书	2014—04	48.00	340
历届美国大学生数学竞赛试题集	2009—03	88.00	43
前苏联大学生数学奥林匹克竞赛题解(上编)	2012—04	28.00	169
前苏联大学生数学奥林匹克竞赛题解(下编)	2012—04	38.00	170
历届美国数学邀请赛试题集	2014—01	48.00	270
整函数	2012—08	18.00	161
多项式和无理数	2008—01	68.00	22
模糊数据统计学	2008—03	48.00	31
模糊分析学与特殊泛函空间	2013—01	68.00	241
受控理论与解析不等式	2012—05	78.00	165
解析不等式新论	2009—06	68.00	48
反问题的计算方法及应用	2011—11	28.00	147
建立不等式的方法	2011—03	98.00	104
数学奥林匹克不等式研究	2009—08	68.00	56
不等式研究(第二辑)	2012—02	68.00	153
初等数学研究(Ⅰ)	2008—09	68.00	37
初等数学研究(Ⅱ)(上、下)	2009—05	118.00	46,47
中国初等数学研究　2009卷(第1辑)	2009—05	20.00	45
中国初等数学研究　2010卷(第2辑)	2010—05	30.00	68
中国初等数学研究　2011卷(第3辑)	2011—07	60.00	127
中国初等数学研究　2012卷(第4辑)	2012—07	48.00	190
中国初等数学研究　2014卷(第5辑)	2014—02	48.00	288
数阵及其应用	2012—02	28.00	164
绝对值方程—折边与组合图形的解析研究	2012—07	48.00	186
不等式的秘密(第一卷)	2012—02	28.00	154
不等式的秘密(第一卷)(第2版)	2014—02	38.00	286
不等式的秘密(第二卷)	2014—01	38.00	268

哈尔滨工业大学出版社刘培杰数学工作室
已出版(即将出版)图书目录

书　名	出版时间	定　价	编号
初等不等式的证明方法	2010—06	38.00	123
数学奥林匹克在中国	2014—06	98.00	344
数学奥林匹克问题集	2014—01	38.00	267
数学奥林匹克不等式散论	2010—06	38.00	124
数学奥林匹克不等式欣赏	2011—09	38.00	138
数学奥林匹克超级题库(初中卷上)	2010—01	58.00	66
数学奥林匹克不等式证明方法和技巧(上、下)	2011—08	158.00	134,135
近代拓扑学研究	2013—04	38.00	239
新编640个世界著名数学智力趣题	2014—01	88.00	242
500个最新世界著名数学智力趣题	2008—06	48.00	3
400个最新世界著名数学最值问题	2008—09	48.00	36
500个世界著名数学征解问题	2009—06	48.00	52
400个中国最佳初等数学征解老问题	2010—01	48.00	60
500个俄罗斯数学经典老题	2011—01	28.00	81
1000个国外中学物理好题	2012—04	48.00	174
300个日本高考数学题	2012—05	38.00	142
500个前苏联早期高考数学试题及解答	2012—05	28.00	185
546个早期俄罗斯大学生数学竞赛题	2014—03	38.00	285
博弈论精粹	2008—03	58.00	30
数学 我爱你	2008—01	28.00	20
精神的圣徒 别样的人生——60位中国数学家成长的历程	2008—09	48.00	39
数学史概论	2009—06	78.00	50
数学史概论(精装)	2013—03	158.00	272
斐波那契数列	2010—02	28.00	65
数学拼盘和斐波那契魔方	2010—07	38.00	72
斐波那契数列欣赏	2011—01	28.00	160
数学的创造	2011—02	48.00	85
数学中的美	2011—02	38.00	84
王连笑教你怎样学数学——高考选择题解题策略与客观题实用训练	2014—01	48.00	262
最新全国及各省市高考数学试卷解法研究及点拨评析	2009—02	38.00	41
高考数学的理论与实践	2009—08	38.00	53
中考数学专题总复习	2007—04	28.00	6
向量法巧解数学高考题	2009—08	28.00	54
高考数学核心题型解题方法与技巧	2010—01	28.00	86
高考思维新平台	2014—03	38.00	259
数学解题——靠数学思想给力(上)	2011—07	38.00	131
数学解题——靠数学思想给力(中)	2011—07	48.00	132
数学解题——靠数学思想给力(下)	2011—07	38.00	133
我怎样解题	2013—01	48.00	227

哈尔滨工业大学出版社刘培杰数学工作室
已出版(即将出版)图书目录

书 名	出版时间	定 价	编号
2011年全国及各省市高考数学试题审题要津与解法研究	2011—10	48.00	139
2013年全国及各省市高考数学试题解析与点评	2014—01	48.00	282
新课标高考数学——五年试题分章详解(2007~2011)(上、下)	2011—10	78.00	140,141
30分钟拿下高考数学选择题、填空题	2012—01	48.00	146
全国中考数学压轴题审题要津与解法研究	2013—04	78.00	248
新编全国及各省市中考数学压轴题审题要津与解法研究	2014—05	58.00	342
高考数学压轴题解题诀窍(上)	2012—02	78.00	166
高考数学压轴题解题诀窍(下)	2012—03	28.00	167
格点和面积	2012—07	18.00	191
射影几何趣谈	2012—04	28.00	175
斯潘纳尔引理——从一道加拿大数学奥林匹克试题谈起	2014—01	18.00	228
李普希兹条件——从几道近年高考数学试题谈起	2012—10	18.00	221
拉格朗日中值定理——从一道北京高考试题的解法谈起	2012—10	18.00	197
闵科夫斯基定理——从一道清华大学自主招生试题谈起	2014—01	28.00	198
哈尔测度——从一道冬令营试题的背景谈起	2012—08	28.00	202
切比雪夫逼近问题——从一道中国台北数学奥林匹克试题谈起	2013—04	38.00	238
伯恩斯坦多项式与贝齐尔曲面——从一道全国高中数学联赛试题谈起	2013—03	38.00	236
卡塔兰猜想——从一道普特南竞赛试题谈起	2013—06	18.00	256
麦卡锡函数和阿克曼函数——从一道前南斯拉夫数学奥林匹克试题谈起	2012—08	18.00	201
贝蒂定理与拉姆贝克莫斯尔定理——从一个拣石子游戏谈起	2012—08	18.00	217
皮亚诺曲线和豪斯道夫分球定理——从无限集谈起	2012—08	18.00	211
平面凸图形与凸多面体	2012—10	28.00	218
斯坦因豪斯问题——从一道二十五省市自治区中学数学竞赛试题谈起	2012—07	18.00	196
纽结理论中的亚历山大多项式与琼斯多项式——从一道北京市高一数学竞赛试题谈起	2012—07	28.00	195
原则与策略——从波利亚"解题表"谈起	2013—04	38.00	244
转化与化归——从三大尺规作图不能问题谈起	2012—08	28.00	214
代数几何中的贝祖定理(第一版)——从一道IMO试题的解法谈起	2013—08	38.00	193
成功连贯理论与约当块理论——从一道比利时数学竞赛试题谈起	2012—04	18.00	180
磨光变换与范•德•瓦尔登猜想——从一道环球城市竞赛试题谈起	即将出版		
素数判定与大数分解	即将出版	18.00	199
置换多项式及其应用	2012—10	18.00	220
椭圆函数与模函数——从一道美国加州大学洛杉矶分校(UCLA)博士资格考题谈起	2012—10	38.00	219
差分方程的拉格朗日方法——从一道2011年全国高考理科试题的解法谈起	2012—08	28.00	200

哈尔滨工业大学出版社刘培杰数学工作室
已出版(即将出版)图书目录

书　名	出版时间	定　价	编号
力学在几何中的一些应用	2013—01	38.00	240
高斯散度定理、斯托克斯定理和平面格林定理——从一道国际大学生数学竞赛试题谈起	即将出版		
康托洛维奇不等式——从一道全国高中联赛试题谈起	2013—03	28.00	337
西格尔引理——从一道第18届IMO试题的解法谈起	即将出版		
罗斯定理——从一道前苏联数学竞赛试题谈起	即将出版		
拉克斯定理和阿廷定理——从一道IMO试题的解法谈起	2014—01	58.00	246
毕卡大定理——从一道美国大学数学竞赛试题谈起	2014—07	18.00	350
贝齐尔曲线——从一道全国高中联赛试题谈起	即将出版		
拉格朗日乘子定理——从一道2005年全国高中联赛试题谈起	即将出版		
雅可比定理——从一道日本数学奥林匹克试题谈起	2013—04	48.00	249
李天岩-约克定理——从一道波兰数学竞赛试题谈起	2014—06	28.00	349
整系数多项式因式分解的一般方法——从克朗耐克算法谈起	即将出版		
布劳维不动点定理——从一道前苏联数学奥林匹克试题谈起	2014—01	38.00	273
压缩不动点定理——从一道高考数学试题的解法谈起	即将出版		
伯恩赛德定理——从一道英国数学奥林匹克试题谈起	即将出版		
布查特-莫斯特定理——从一道上海市初中竞赛试题谈起	即将出版		
数论中的同余数问题——从一道普特南竞赛试题谈起	即将出版		
范·德蒙行列式——从一道美国数学奥林匹克试题谈起	即将出版		
中国剩余定理——从一道美国数学奥林匹克试题的解法谈起	即将出版		
牛顿程序与方程求根——从一道全国高考试题解法谈起	即将出版		
库默尔定理——从一道IMO预选试题谈起	即将出版		
卢丁定理——从一道冬令营试题的解法谈起	即将出版		
沃斯滕霍姆定理——从一道IMO预选试题谈起	即将出版		
卡尔松不等式——从一道莫斯科数学奥林匹克试题谈起	即将出版		
信息论中的香农熵——从一道近年高考压轴题谈起	即将出版		
约当不等式——从一道希望杯竞赛试题谈起	即将出版		
拉比诺维奇定理	即将出版		
刘维尔定理——从一道《美国数学月刊》征解问题的解法谈起	即将出版		
卡塔兰恒等式与级数求和——从一道IMO试题的解法谈起	即将出版		
勒让德猜想与素数分布——从一道爱尔兰竞赛试题谈起	即将出版		
天平称重与信息论——从一道基辅市数学奥林匹克试题谈起	即将出版		

哈尔滨工业大学出版社刘培杰数学工作室
已出版(即将出版)图书目录

书 名	出版时间	定价	编号
艾思特曼定理——从一道 CMO 试题的解法谈起	即将出版		
一个爱尔特希问题——从一道西德数学奥林匹克试题谈起	即将出版		
有限群中的爱丁格尔问题——从一道北京市初中二年级数学竞赛试题谈起	即将出版		
贝克码与编码理论——从一道全国高中联赛试题谈起	即将出版		
帕斯卡三角形	2014—03	18.00	294
蒲丰投针问题——从 2009 年清华大学的一道自主招生试题谈起	2014—01	38.00	295
斯图姆定理——从一道"华约"自主招生试题的解法谈起	2014—01	18.00	296
许瓦兹引理——从一道加利福尼亚大学伯克利分校数学系博士生试题谈起	2014—01		297
拉格朗日中值定理——从一道北京高考试题的解法谈起	2014—01		298
拉姆塞定理——从王诗宬院士的一个问题谈起	2014—01		299
坐标法	2013—12	28.00	332
数论三角形	2014—04	38.00	341
中等数学英语阅读文选	2006—12	38.00	13
统计学专业英语	2007—03	28.00	16
统计学专业英语(第二版)	2012—07	48.00	176
幻方和魔方(第一卷)	2012—05	68.00	173
尘封的经典——初等数学经典文献选读(第一卷)	2012—07	48.00	205
尘封的经典——初等数学经典文献选读(第二卷)	2012—07	38.00	206
实变函数论	2012—06	78.00	181
非光滑优化及其变分分析	2014—01	48.00	230
疏散的马尔科夫链	2014—01	58.00	266
初等微分拓扑学	2012—07	18.00	182
方程式论	2011—03	38.00	105
初级方程式论	2011—03	28.00	106
Galois 理论	2011—03	18.00	107
古典数学难题与伽罗瓦理论	2012—11	58.00	223
伽罗华与群论	2014—01	28.00	290
代数方程的根式解及伽罗瓦理论	2011—03	28.00	108
线性偏微分方程讲义	2011—03	18.00	110
N 体问题的周期解	2011—03	28.00	111
代数方程式论	2011—05	18.00	121
动力系统的不变量与函数方程	2011—07	48.00	137
基于短语评价的翻译知识获取	2012—02	48.00	168
应用随机过程	2012—04	48.00	187
概率论导引	2012—04	18.00	179
矩阵论(上)	2013—06	58.00	250
矩阵论(下)	2013—06	48.00	251

哈尔滨工业大学出版社刘培杰数学工作室
已出版(即将出版)图书目录

书　名	出版时间	定　价	编号
抽象代数:方法导引	2013—06	38.00	257
闵嗣鹤文集	2011—03	98.00	102
吴从炘数学活动三十年(1951～1980)	2010—07	99.00	32
吴振奎高等数学解题真经(概率统计卷)	2012—01	38.00	149
吴振奎高等数学解题真经(微积分卷)	2012—01	68.00	150
吴振奎高等数学解题真经(线性代数卷)	2012—01	58.00	151
高等数学解题全攻略(上卷)	2013—06	58.00	252
高等数学解题全攻略(下卷)	2013—06	58.00	253
高等数学复习纲要	2014—01	18.00	384
钱昌本教你快乐学数学(上)	2011—12	48.00	155
钱昌本教你快乐学数学(下)	2012—03	58.00	171
数贝偶拾——高考数学题研究	2014—04	28.00	274
数贝偶拾——初等数学研究	2014—04	38.00	275
数贝偶拾——奥数题研究	2014—04	48.00	276
集合、函数与方程	2014—01	28.00	300
数列与不等式	2014—01	38.00	301
三角与平面向量	2014—01	28.00	302
平面解析几何	2014—01	38.00	303
立体几何与组合	2014—01	28.00	304
极限与导数、数学归纳法	2014—01	38.00	305
趣味数学	2014—03	28.00	306
教材教法	2014—04	68.00	307
自主招生	2014—05	58.00	308
高考压轴题(上)	即将出版		309
高考压轴题(下)	即将出版		310
从费马到怀尔斯——费马大定理的历史	2013—10	198.00	I
从庞加莱到佩雷尔曼——庞加莱猜想的历史	2013—10	298.00	II
从切比雪夫到爱尔特希(上)——素数定理的初等证明	2013—07	48.00	III
从切比雪夫到爱尔特希(下)——素数定理100年	2012—12	98.00	III
从高斯到盖尔方特——虚二次域的高斯猜想	2013—10	198.00	IV
从库默尔到朗兰兹——朗兰兹猜想的历史	2014—01	98.00	V
从比勃巴赫到德布朗斯——比勃巴赫猜想的历史	2014—02	298.00	VI
从麦比乌斯到陈省身——麦比乌斯变换与麦比乌斯带	2014—02	298.00	VII
从布尔到豪斯道夫——布尔方程与格论漫谈	2013—10	198.00	VIII
从开普勒到阿诺德——三体问题的历史	2014—05	298.00	IX
从华林到华罗庚——华林问题的历史	2013—10	298.00	X

哈尔滨工业大学出版社刘培杰数学工作室
已出版(即将出版)图书目录

书　名	出版时间	定　价	编号
三角函数	2014—01	38.00	311
不等式	2014—01	28.00	312
方程	2014—01	28.00	314
数列	2014—01	38.00	313
排列和组合	2014—01	28.00	315
极限与导数	2014—01	28.00	316
向量	2014—01	38.00	317
复数及其应用	2014—01	28.00	318
函数	2014—01	38.00	319
集合	即将出版		320
直线与平面	2014—01	28.00	321
立体几何	2014—04	28.00	322
解三角形	即将出版		323
直线与圆	2014—01	28.00	324
圆锥曲线	2014—01	38.00	325
解题通法(一)	2014—01	38.00	326
解题通法(二)	2014—01	38.00	327
解题通法(三)	2014—05	38.00	328
概率与统计	2014—01	28.00	329
信息迁移与算法	即将出版		330
第19～23届"希望杯"全国数学邀请赛试题审题要津详细评注(初一版)	2014—03	28.00	333
第19～23届"希望杯"全国数学邀请赛试题审题要津详细评注(初二、初三版)	2014—03	38.00	334
第19～23届"希望杯"全国数学邀请赛试题审题要津详细评注(高一版)	2014—03	28.00	335
第19～23届"希望杯"全国数学邀请赛试题审题要津详细评注(高二版)	2014—03	38.00	336
物理奥林匹克竞赛大题典——力学卷	即将出版		
物理奥林匹克竞赛大题典——热学卷	2014—04	28.00	339
物理奥林匹克竞赛大题典——电磁学卷	即将出版		
物理奥林匹克竞赛大题典——光学与近代物理卷	2014—06	28.00	345

哈尔滨工业大学出版社刘培杰数学工作室
已出版(即将出版)图书目录

书　名	出版时间	定　价	编号
历届中国东南地区数学奥林匹克试题集(2004～2012)	2014—06	18.00	346
历届中国西部地区数学奥林匹克试题集(2001～2012)	即将出版		347
历届中国女子数学奥林匹克试题集(2002～2012)	即将出版		348

联系地址:哈尔滨市南岗区复华四道街 10 号　　哈尔滨工业大学出版社刘培杰数学工作室
网　　址:http://lpj.hit.edu.cn/
邮　　编:150006
联系电话:0451－86281378　　13904613167
E-mail:lpj1378@163.com